Le
PLAN
DE SERVICES
INDIVIDUALISÉ

Le
PLAN
DE SERVICES
INDIVIDUALISÉ

PARTICIPATION ET ANIMATION

SOUS LA DIRECTION DE
DANIEL BOISVERT

PRATIQUES EN DÉFICIENCE INTELLECTUELLE

Par la rédaction de cet ouvrage, les coauteurs ont voulu mettre leurs connaissances, leurs expériences et leurs habiletés au service des divers participants appelés à influencer la qualité de vie des personnes déficientes intellectuelles.

De plus, ils désirent contribuer activement à l'effort collectif des parents d'enfants déficients intellectuels qui oeuvrent quotidiennement et depuis longtemps au développement de services de qualité au Québec. Les coauteurs ont demandé aux Éditions Agence d'ARC de verser à l'Association québécoise pour la déficience mentale, les redevances monétaires dues aux coauteurs.

Conception de la page couverture: Jean Bureau

La photocomposition, le montage ainsi que la figuration technique de cet ouvrage furent la responsabilité de «Productions André Ayotte», Charlemagne (Québec).

©Copyright — Ottawa 1990
Éditions Agence d'ARC inc.

Dépôt légal: 1er trimestre 1990
Bibliothèque Nationale du Canada
Bibliothèque Nationale du Québec

ISBN 2-89022-178-4

Présentation des auteurs

Daniel BOISVERT, Ph.D. (Éducation)
Professeur
Université du Québec à Trois-Rivières

Michel BOUTET
Directeur des services professionnels
Centre d'accueil Nor-Val

Serge DESPINS
Conseiller-cadre
Centre d'accueil Nor-Val

Richard LACHAPELLE
Adjoint à la direction des services professionnels et de réadaptation
Centre d'accueil Corporation les Deux-Rives

Marlyne LAPERRIÈRE
Coordonnatrice à la formation
Institut québécois de la Déficience mentale

André LAPOINTE, Ph.D. (Psychologie)
Directeur des services aux établissements
Centre de consultation psychologique et éducationnelle inc.

Paul-Antoine OUELLET
Directeur général
Centre d'accueil Nor-Val

Wilfrid PILON, Ph.D. (Psychologie)
Chercheur
Centre de recherche Laval-Robert-Giffard

Monique RONDEAU
Conseiller-cadre
Conseil régional de la Santé et des Services sociaux
de Montréal-Métropolitain

Sarto ROY
Directeur des services professionnels et de réadaptation
Villa de Lessor

Remerciements

*Je tiens à souligner
la contribution du Centre d'accueil Nor-Val
et du Centre d'accueil Butters
qui ont mis
à la disposition des auteurs
les ressources humaines et matérielles
nécessaires à la rédaction
de cet ouvrage.*

*L'aide financière de ces centres
a permis de soutenir l'action des auteurs
durant les deux années de l'élaboration
de ce livre.*

*Aux nombreuses personnes qui ont contribué,
par leurs informations ou leurs expériences,
à enrichir le contenu ou la forme de ce livre,
mes remerciements les plus sincères.*

Daniel Boisvert
Directeur scientifique

Table des matières

Liste des tableaux

Liste des figures

Préface

par ***Thérèse Lavoie-Roux***
Ministre de la Santé et des Services sociaux

Depuis plusieurs années, le ministère de la Santé et des Services sociaux consacre une partie importante de ses efforts à doter le Québec d'une politique globale qui favoriserait davantage l'intégration sociale des personnes handicapées au sein de notre collectivité. L'élaboration de politiques d'intégration sociale des personnes institutionnalisées, notamment les malades psychiatriques et les personnes présentant une déficience intellectuelle, est un résultat tangible de notre volonté de répondre vraiment aux besoins et aux aspirations de nos concitoyennes et de nos concitoyens les plus démunis.

L'histoire de nos services aux personnes présentant une déficience intellectuelle a connu de nombreuses étapes depuis 1960, étapes qui nous ont conduits à l'organisation des services que nous connaissons aujourd'hui. Deux moments importants, qui correspondent à des modifications législatives ou réglementaires, ont marqué notre jeune histoire. D'abord la *Déclaration des droits des déficients mentaux* promulguée par l'Organisation des Nations Unies, en 1971, permet de faire reconnaître universellement et pour la première fois, l'existence de droits à ces personnes. Deuxièmement, la publication des orientations et du guide d'action, parue en 1988 sous le titre de *L'intégration des personnes présentant une déficience intellectuelle*, invite tous les intervenants en cette matière à concevoir et à soutenir leurs actions sanitaires et sociales dans la perspective d'assurer à ces personnes une place plus équitable à nos côtés.

Ce défi que nous acceptons collectivement de relever doit se fonder sur des principes directeurs de haute qualité susceptibles de modifier à long terme les attitudes sociales négatives. Dans le guide ministériel *L'intégration des personnes présentant une déficience intellectuelle: un impératif humain et social*, nous avons insisté sur six de ces principes.

La présomption de compétence de la personne prend pour acquis qu'elle a un potentiel de développement et lui reconnaît le droit de participer à la définition de ses services et de maintenir et d'actualiser ses capacités. **La présomption de l'autonomie de la personne** implique qu'on lui fournisse les moyens et le soutien nécessaires pour assurer sa vie personnelle, sociale et économique. **L'implication de la personne, de ses parents ou de son représentant**, à part égale, qui doivent prendre une part active dans les décisions concernant leur projet de vie. **La promotion de la responsabilité parentale** identique à la responsabilité de tous les parents qui doivent répondre aux besoins fondamentaux d'affection, de sécurité et de développement de leur enfant jusqu'à leur majorité. **L'implication de la communauté** se traduit par le support à la personne dans son intégration et dans sa participation à la vie sociale. Enfin, **l'implication de l'État** doit se traduire d'abord par la prise en charge par l'État de la plus grande partie possible des coûts supplémentaires que la déficience occasionne à la personne et à sa famille, ainsi que par un leadership dans le développement de la personne et de son intégration sociale. Tout ceci exige évidemment une adaptation constante des services offerts à la personne présentant une déficience intellectuelle.

Ces principes directeurs déterminent les orientations que nous continuons de préconiser, soit la valorisation des rôles sociaux et l'intégration sociale de la personne présentant une déficience intellectuelle. La valorisation des rôles sociaux, prolongement naturel du principe de normalisation, se traduit d'une part par le développement des capacités et des habiletés personnelles et, d'autre part, par l'amélioration de l'image sociale de la personne. Par intégration sociale, nous entendons que la personne handicapée s'actualise dans des activités, des possibilités et des rôles semblables à ce que l'on reconnaît aux personnes non handicapées. L'intégration sociale est à la fois un partage des mêmes lieux de vie que les autres personnes de la communauté et une utilisation la plus large possible des services et des équipements propres à la communauté selon les mêmes modalités que les autres citoyens. L'intégration sociale favorise les relations variées et de qualité avec d'autres personnes et l'accès à des rôles et des statuts civiques valorisés.

Essentiellement, les orientations que nous prônons placent la personne présentant une déficience intellectuelle à la position centrale du processus d'intégration sociale en tenant compte de ses besoins en tant qu'individu et en tant qu'être social. C'est pourquoi le ministère de la Santé et des Services sociaux participe toujours à cette recherche d'autonomie en mobilisant le plus de ressources possible pour une intégration complète et réussie.

La personne peut contribuer, dans la mesure de sa capacité, au développement de la communauté et de l'économie québécoise au même titre que tous les autres citoyens du territoire.

Comme nous l'avons déjà mentionné, c'est dans un esprit de partenariat que la communauté québécoise doit fournir des efforts pour faciliter l'intégration sociale des personnes présentant une déficience intellectuelle. La population joue un rôle important, voire primordial, dans la réussite des actions visant l'intégration sociale, d'où la nécessité de sensibiliser la population aux droits de la personne présentant une déficience intellectuelle.

Pour réaliser adéquatement son intégration sociale, le plan de services individualisé constitue donc un outil privilégié pour les intervenants de la santé et des services sociaux mais aussi pour la personne elle-même et pour sa famille. Il présente une démarche fondée sur la planification et la coordination des services tout en assurant la participation de la personne présentant une déficience intellectuelle, de sa famille ou de son représentant, aux décisions qui les concernent en les aidant de manière constante dans leurs actions. De plus, la démarche qui est proposée ici, permet de s'assurer que les services et l'affectation des ressources soient fondés sur les besoins réels des personnes présentant une déficience intellectuelle. L'utilisation du plan de services individualisé, telle que proposée par les auteurs, peut avoir un effet rétroactif sur la planification des ressources qui seront utilisées puisque le plan de services met parfois en relief l'absence de ressources idéales permettant de satisfaire ses besoins. Ces carences devenues plus visibles aux décideurs nécessiteront l'adaptation des ressources déjà existantes.

L'une des qualités importantes du *Plan de services individualisé : participation et animation* est qu'il considère la personne présentant une déficience intellectuelle comme la véritable responsable de son projet de vie, eu égard à la présomption de sa compétence, même si pour ce faire, elle doit recourir aux ressources de l'État et de son environnement plus immédiat. Il m'apparaît que ceci constitue la véritable essence de ce livre.

Je suis heureuse de constater que, pour plusieurs autres citoyens également et plus spécifiquement pour les auteurs de cet ouvrage, l'intégration sociale des personnes présentant une déficience intellectuelle est plus qu'une simple façon de percevoir la planification et l'organisation des services mais qu'elle est d'abord et avant tout un *impératif humain et social*, idéal auquel je convie toute la société québécoise.

25 SEPTEMBRE 1989

Introduction

par **Daniel Boisvert** *et* **P. A. Ouellet**

Tout au long de l'histoire, les personnes handicapées ou malades ont été généralement jugées inaptes à prendre les décisions importantes en regard de la qualité ou de la quantité de leurs propres services sociaux ou de leurs propres soins médicaux. C'est pourquoi on les appelait *victime, patient, client* ou *bénéficiaire* quand ce n'était pas tout simplement en référence à leur déficience: *déficient, débile, demeuré, manchot...* Contrairement, le plan de services individualisé se veut le reflet ou l'opérationnalisation d'attitudes et de volontés qui tendent à reconnaître le droit, le pouvoir et la compétence des requérants à participer aux décisions qui les concernent et, ultérieurement, à influencer la planification et la coordination de leurs propres services socio-sanitaires.

Le plan de services individualisé[1] est directement issu des changements culturels de notre époque, changements qui se sont notamment manifestés par une modification profonde de la perception des rôles de la personne déficiente intellectuelle et, par conséquent, pour l'identifier elle-même. Comme Wolfenberger et Thomas (1987),

---

Les auteurs de cet ouvrage emploient la contraction plan de services pour désigner le plan de services individualisé. Il va de soi que le plan de services d'une personne est individualisé puisqu'il ne s'adresse qu'à une seule personne à la fois. Pour conserver une certaine souplesse au texte, il est apparu important d'omettre ce qualificatif.

les auteurs de cet ouvrage sont conscients des limites des nouvelles appellations et des raisons qui ont motivé ce mouvement. Si le vocable «déficience intellectuelle» est utilisé par les auteurs pour qualifier le retard mental de ces personnes et le mot «personne» pour identifier celui ou celle qui manifeste ce retard, c'est strictement pour des raisons de respect envers ces personnes et pour tenir compte de l'évolution terminologique québécoise dans l'appellation ou l'étiquetage des personnes handicapées.

Jadis passives et dépendantes d'une organisation très professionnalisée, ces personnes étaient jugées incapables de faire connaître leurs besoins spécifiques et la vision de services socio-communautaires à la personne était alors morcelée, dépersonnalisée. Au premier rang, les médecins, les psychologues et plus récemment encore les éducateurs et travailleurs sociaux, tous avaient réponse à tous les besoins de la personne et, ainsi un peu comme une mécanique, ont modifié, appliqué, dosé, sans égard aux rôles sociaux de la personne, une suite de techniques et de méthodes professionnelles. On croyait, probablement un peu de façon magique, apporter de l'extérieur, sans participation du sujet, toutes les solutions à des besoins spécifiques.

Heureusement, depuis quelques décennies, fort de la montée et de la reconnaissance des mouvements humanistes, la personne en besoin de services commence à jouer un rôle de plus en plus actif à la définition et à la manière de répondre à ses besoins.

Les nombreuses législations québécoises des dernières décennies, en matière de santé et services sociaux, ont eu pour effet de définir et de favoriser la promotion des droits des bénéficiaires de ces services. De plus, de nombreux règlements encadrent les modalités d'application des lois en matière de santé et services sociaux.

Il est de plus en plus reconnu, pour l'ensemble des professionnels de la réadaptation, que la société québécoise s'est dotée de beaucoup de Lois et de Règlements afin de permettre l'identification et l'expression des droits des personnes déficientes intellectuelles. À ce chapitre, nous pouvons considérer le Québec comme une société avant-gardiste comparable à plusieurs provinces canadiennes, à plusieurs états américains et à certains pays européens.

Fort de ce cadre législatif, les auteurs croient que le moment est venu de mettre l'accent sur des instruments et des moyens pratiques afin de permettre que les droits garantis des bénéficiaires par le législateur prennent racine dans le quotidien et aient un impact réel sur l'amélioration de leur qualité de vie.

Les auteurs de ce livre sont tous profondément convaincus que les personnes, leurs parents, les bénévoles ou leurs proches ont maintenant besoin de moyens précis et pratiques, d'outils pour leur permettre de défendre leurs droits, de respecter leurs différences et d'être pleinement écoutés dans la définition de leurs besoins et dans l'organisation des ressources devant les satisfaire.

Par ignorance ou par peur, aujourd'hui encore, trop de milieux se refusent à associer la personne elle-même à son propre projet de vie. Puissent-ils un jour sentir qu'ils sont «handicapés» par l'absence de la personne lors de l'élaboration de ses services!

Un jour, lors d'un plan de services individualisé où Jérôme ne pouvait être présent, le lieu de la réunion étant physiquement inaccessible, sa mère avait amené avec elle une grande photo couleur de son fils. En la posant en évidence au centre de la table, avant la réunion, elle s'adressa aux professionnels et dit: «je pensais que vous aimeriez voir Jérôme avant que l'on parle de lui».

Lorsque nous vivons un tel événement, la présence physique de la personne fait toute la différence dans l'attitude, le comportement et les échanges verbaux. Les participants trouvent plus facilement des qualités à l'autre (dans ce cas-ci, à Jérôme), et non pas uniquement des défauts. Ils en parlent avec respect et dignité. En somme, ils deviennent plus sensibles à l'expression de ses besoins, de ses goûts, de sa spécificité lorsque lui et ses proches sont présents.

Qui est mieux placé que la personne elle-même et sa famille pour définir ses besoins et ses goûts en ce qui a trait à sa vie, ses activités à la maison, son travail, ses loisirs, son alimentation, son habillement, ses amis, sa vie sexuelle et spirituelle.

Jusqu'à tout récemment, il n'y avait pas au Québec d'outil complet et précis d'aide à l'approche du plan de services. En effet, la publication récente du « *Guide d'élaboration des plans de services et d'interventions»* par Côté *et al.* (1989) représente un premier pas spécifiquement québécois vers une contribution réelle à toute personne ayant à travailler avec le plan de services. Nous voulons, par cette occasion, fournir notre contribution au projet d'implantation du plan de services et de la philosophie sur laquelle il s'appuie.

Le « *Plan de services individualisé; Participation et Animation*» met l'accent sur la nécessité de complémentarité entre l'ensemble des partenaires dans la prestation de services et les premiers concernés, c'est-à-dire la personne et ses proches. Nous avons voulu couvrir huit dimensions importantes pour l'utilisation de cet outil de concertation, chacune étant exprimée à l'intérieur d'un même chapitre.

Le premier chapitre dresse un portrait historique des services destinés aux personnes déficientes intellectuelles et insiste sur la nécessité de redonner une nature humaine à ces personnes, tout en leur prodiguant des soins et de services de qualité. Enfin, il met en relief l'effort du législateur québécois en cette matière.

Le deuxième chapitre traite des principaux concepts qui sous-tendent la philosophie des services actuels et met en relief l'importance de la valorisation des rôles sociaux de la personne et de la normalisation de nos services et de nos interventions auprès d'elle.

Le troisième chapitre nous propose des mécanismes de programmation et de planification de services, en nous présentant des modèles de complémentarité des activités des divers établissements et organismes chargés de la prestation de services à la personne. Ce chapitre, intitulé «Des services planifiés», distingue également deux notions importantes dans le processus de programmation générale: le plan de services et le plan d'interventions.

L'évaluation des besoins de la personne est abordée dans le quatrième chapitre en relevant l'importance de s'attarder aux forces de la personne et de comprendre ses besoins dans une perspective développementale et d'intégration sociale.

Les chapitres cinq et six, traitent de l'équipe du plan de services transdisciplinaire qui vise à atteindre le consensus le plus élevé possible. On y propose un mode de fonctionnement de l'équipe et une participation véritable des parents au sein de cette équipe.

Le chapitre cinq traite de l'équipe du plan de services dont le travail consiste à atteindre une meilleure planification tout en obtenant le consensus le plus élevé possible. La place centrale de la personne y est évidente, de même que le rôle de chacun des membres ainsi que les principales fonctions dans l'équipe.

La participation des parents fait l'objet d'une attention particulière dans le sixième chapitre. L'auteur met en relief l'impact de cette participation et en identifie les obstacles les plus probables. Il propose des moyens de formation afin de surmonter des contingences du travail en équipe.

Le septième chapitre, qui porte sur la réunion du plan de services proprement dite, aborde de manière pragmatique les différents facteurs de réussite de ce type de réunion, de l'accueil des participants à la signature du plan de services.

Le dernier chapitre identifie chez les participants et les animateurs des aspects importants de leur travail qui méritent que l'on s'y arrête pour mesurer toute la portée des interventions. Les auteurs proposent l'utilisation de moyens pratiques tels des questionnaires et des grilles pouvant faciliter ce travail d'analyse.

Le « *Plan de services individualisé* » présente aussi, en appendice, trois protocoles portant respectivement sur la préparation des participants au plan de services, l'élaboration même du plan de services et l'évaluation de l'animation de la réunion du plan de services.

LE PLAN DE SERVICES INDIVIDUALISÉ

PARTICIPATION ET ANIMATION

PRATIQUES EN DÉFICIENCE INTELLECTUELLE

CHAPITRE 1

De l'évolution des droits et des services

par **Michel Boutet**

Les attitudes changent et le fait qu'actuellement la majorité des membres de la communauté exprime des attitudes favorables aux déficients mentaux est un pas dans la bonne direction. Le pas suivant est d'accompagner cette acceptation «de principe» par des comportements témoignant de son caractère authentique et profond.

IONESCU

L'organisation des services destinés aux personnes déficientes intellectuelles est étroitement liée à la manière dont ces personnes sont considérées par la société: objets de pitié, éternels enfants, menace à l'intégrité personnelle, arriérés, demeurés, fous, débiles... Les perceptions de la population ont, de tout temps, conditionné la façon dont la communauté a pris en charge les personnes déficientes intellectuelles. Les grandes étapes de l'évolution des services à ces personnes, que nous aborderons brièvement, traduisent bien cette réalité.

△ *1.1 Perspective historique: De la mise en place des premiers services au mouvement d'intégration sociale*

Les étapes de l'évolution des services peuvent être regroupées en trois périodes où, tour à tour, la personne déficiente intellectuelle est perçue comme un objet d'intérêt, un objet de crainte et finalement un sujet d'intégration.

La personne déficiente intellectuelle... un objet d'intérêt (1850 à 1900)

On pourrait penser que l'évolution des services s'est réalisée à travers diverses étapes conduisant graduellement à des perceptions de plus en plus valorisantes du rôle social de la personne déficiente intellectuelle. Pourtant les premiers services organisés étaient beaucoup plus conformes à notre conception actuelle de l'éducation que ne l'ont été les services offerts durant la première moitié de notre siècle.

Plusieurs mouvements contestataires de cette période s'élèvent contre la manière dont sont traités ou négligés certains groupes de la société dont, bien sûr, les arriérés[1]. Des personnes comme Jean-Marc

---

1   À cette époque, les personnes déficientes intellectuelles étaient appelées arriérés et étaient identifiées à des malades mentaux.

Itard et Édouard O. Séguin travaillent à démontrer la capacité de certains individus à se développer, bien qu'ils soient considérés généralement comme irrécupérables. Leur objectif est humanitaire et leur approche s'apparente au modèle développemental que nous connaissons maintenant[2].

Des principes humanistes véhiculés à ce moment préfigurent déjà des idées qui donneront naissance au concept de normalisation. À titre d'exemple, voici un extrait du discours de Samuel G. Howe, prononcé en 1886, que l'on retrouve dans le «Manuel d'orientation sur la déficience mentale» de l'Association canadienne pour les déficients mentaux:

> «Il existe une raison de s'objecter à cette méthode de réunir toute une catégorie de personnes atteintes de la même infirmité... Plus que la majorité des gens, elles dépendent pour leur bien-être des liens familiaux, de ceux de l'amitié et de ceux de leur environnement... Prenez garde à la manière dont, sans nécessité, vous romprez ces attaches familiales et affectives au cours de leur période de croissance la plus intense; sinon, vous en ferez des hommes sans foyer, des vagabonds et des étrangers. Surtout, prenez garde à la manière dont vous les obligerez à négliger de former ces toutes premières relations affectives avec ceux dont la sympathie et l'amitié seront les plus importantes au cours de leur vie». (p. 65)

Toutefois, certaines études pseudo-scientifiques réalisées au cours de cette même période portent déjà les germes d'une tendance à la ségrégation des personnes ayant une déficience intellectuelle.

---

2 Johann Jacob Guggenbuhl créera, en 1840, le premier centre de développement en Europe. En Amérique, le premier centre verra le jour à la suite de l'initiative de Samuel Grindley Howe. Au Canada, c'est en 1859 qu'apparaît le premier milieu de même type appelé Asile d'aliénés provincial, à Orillia, en Ontario.

Période 1850-1900: un objet d'intérêt...

- intérêt nouveau pour le phénomène de la déficience intellectuelle;
- apparition des premiers services organisés;
- préoccupations caractérisées par une approche humanitaire;
- écrits véhiculant quelquefois des préjugés telle l'existence du danger, pour la société, de côtoyer des personnes déficientes intellectuelles.

La personne déficiente intellectuelle...
un objet de crainte (1900 à 1960)

Déjà à la fin du 19e siècle, certains écrits introduisent de fausses conceptions concernant la déficience mentale. Par exemple, en 1883, sir Francis Galton affirme que la fécondité débridée des inadaptés constitue une menace pour la société. Un peu plus tard, Richard Dugdale affirme «qu'il pouvait prouver, sans l'ombre d'un doute, que la déficience mentale était une question de mauvais sang qui se transmettait d'une génération à une autre» (p. 12). Un autre cas d'interprétation erronée nous est fourni par le sociologue Henri Goddard qui croit déceler un fil conducteur reliant la pauvreté, le crime et la déficience. Le «Manuel d'orientation sur la déficience mentale» de l'Association canadienne pour les déficients mentaux (1978) relate sa pensée:

> «À cause de leur fécondité et de leur manque de retenue, de la dégénérescence qu'elles perpétuent, des souffrances, de la misère et du crime qu'elles contribuent à répandre..., ces classes (les faibles d'esprit) constituent une menace pour la société et la civilisation» (p. 14).

Il n'en fallait pas plus pour créer autour des «arriérés mentaux» un sentiment de crainte et favoriser leur ségrégation, voire leur stérilisation. Des considérations économiques, souvent inavouables, favorisent aussi le regroupement de ces personnes.

Autour des années 1940, au Québec, pour répondre aux besoins sociaux-sanitaires de la population, on retrouve principalement des crèches, des orphelinats, des maisons pour personnes âgées, des hôpitaux généraux ainsi que des hôpitaux psychiatriques. L'asile est en fait un fourre-tout où se retrouvent indifféremment psychopathes, malades mentaux, déficients intellectuels, dépressifs, etc. De refuge, l'asile devient vite une «maison de fous». La plupart des personnes considérées comme déficientes seront orientées vers les deux hôpitaux psychiatriques de l'époque, soit St-Michel Archange et St-Jean de Dieu.

En prenant le chemin de l'asile, ces personnes sont coupées de leurs liens familiaux et communautaires. Paradoxalement, l'existence même de l'asile devient la preuve que ces personnes ne peuvent vivre dans la communauté: «elles sont sûrement dangereuses puisqu'on les enferme». Aussi, le fait d'être confinées dans un milieu déshumanisant, impersonnel, conduit ces personnes à développer des comportements inadéquats. Ainsi se referme le cercle vicieux de l'inadaptation.

Quant aux malades mentaux, déficients intellectuels demeurant dans leur famille, ils seront vite reconnus comme les fous du village.

En fait, il faudra attendre jusqu'en 1961, avec le dépôt du rapport de la Commission d'étude des hôpitaux psychiatriques (couramment appelé Commission Bédard), pour entendre l'appel au secours de ces «fous». Et même encore de nos jours, les idées fausses cristallisées à cette époque persistent dans la population.

Période 1900-1960: un objet de crainte

- émergence de peurs et de craintes quant aux risques que représentent les personnes déficientes intellectuelles;
- tendance à surprotéger les personnes déficientes intellectuelles;
- mouvement généralisé d'institutionnalisation et donc de ségrégation.

La personne déficiente intellectuelle...
un sujet d'intégration (1960 à...)

Si le principe de normalisation attire ses premiers adeptes à la fin des années 50, le mouvement vers l'intégration sociale véritable de la personne présentant une déficience intellectuelle reste un processus lent et ardu. Au début des années 70, plus de dix mille personnes sont encore institutionnalisées. Wolfensberger résume bien la situation lorsqu'il écrit, en 1969:

> «Je crois qu'essentiellement un grand nombre de nos institutions fonctionnent toujours selon l'esprit de 1925, quand la ségrégation à bon marché de personnes à peine déficientes était considérée comme la seule alternative pour combattre une menace sociale. Je soutiens que la plupart des institutions fonctionnent toujours comme si cet esprit était encore valable.» (Manuel d'orientation; p. 16)

Au Québec, c'est le rapport de la Commission Bédard qui ouvre doucement la voie au mouvement de normalisation. On crée des services hospitaliers régionalisés et, plus particulièrement, on reconnaît la spécificité de la déficience mentale par rapport à la maladie mentale.

Dans la même foulée, en 1970, vingt centres d'entraînement à la vie voient le jour au Québec. Malheureusement, on est encore loin d'une préoccupation véritable d'intégration sociale. Tout au plus, on évite l'exil loin de sa communauté. En fait, les C.E.V., qui sont bâtis à même les subsides du gouvernement fédéral, doivent recruter la clientèle dans leur famille pour occuper leurs espaces. Dans ce contexte, au lieu d'être une étape vers l'intégration sociale, la régionalisation favorise l'institutionnalisation.

En même temps que la loi créant le ministère des Affaires sociales (MAS.), les C.E.V. deviendront les centres d'accueil et de réadaptation (C.A.R.) que nous connaissons maintenant.

Au milieu des années 70, certains C.A.R. s'engagent dans le mouvement de désinstitutionnalisation. Ce mouvement prend petit à petit de l'ampleur pour se voir enfin confirmé comme projet social avec la publication, en 1988, de «*l'Intégration des personnes présentant une déficience intellectuelle...*» du ministère de la Santé et des Services sociaux.

Cependant, il ne faudrait pas croire que cette reconnaissance est le seul fait de l'action politique du gouvernement ou de la volonté administrative des établissements publics. Si le mouvement d'intégration sociale au Québec a pris tant d'ampleur et s'est enraciné si profondément, c'est en grande partie dû à l'action des parents d'enfants déficients intellectuels.

Dès 1950, et plus intensément vers les années 60, à l'organisation institutionnelle des services en déficience intellectuelle s'ajoutent des associations qui regroupent plusieurs parents et de nombreux bénévoles. L'intrusion spontanée de ces nouveaux acteurs dans l'organisation des services et la croissance du nombre de mouvements de parents[3] obligent les intervenants traditionnels à conjuguer leurs efforts en vue de redéfinir les rôles réciproques et de s'engager dans une action commune de concert avec leurs nouveaux partenaires communautaires.

Au cours des années 50, dans toute l'Amérique du Nord et dans d'autres parties du monde, plusieurs parents se regroupèrent pour former des groupes locaux. Ces différents groupes travaillèrent sous différentes appellations: Association pour les enfants déficients, Association de secours aux enfants arriérés. Les parents et amis des enfants déficients. Ces regroupements décidèrent de conjuguer leurs efforts en se regroupant de nouveau sous la bannière d'associations provinciales et nationales.

L'examen du mouvement d'intégration sociale nous révèle d'abord qu'il profite aux personnes internées en leur permettant de réintégrer leur communauté. Mais il a aussi des effets positifs sur les réseaux intimes liés à la personne. Il a permis, par exemple, aux parents de briser leur isolement, de vaincre leurs peurs et de remettre en question leurs sentiments d'échec et de honte attribués, à tort, au fait d'avoir donné naissance à un enfant déficient intellectuel. Il a permis de créer une nouvelle force sociale avec laquelle la société doit composer. Maintenant, les établissements doivent développer des services plus compatibles avec les aspirations et les modes de fonctionnement de la communauté et plus spécifiquement des groupes communautaires concernés.

---

3   Au Québec, c'est le 16 novembre 1951 que l'Association de secours aux enfants arriérés fut créée. Au Canada, l'Association canadienne pour les enfants déficients fut fondée en 1958. Mentionnons aussi que des associations locales existaient déjà (celle de Montréal a été fondée en 1937).

« *L'intégration des personnes présentant une déficience intellectuelle...: Orientations et guide d'action*», publié par le ministère de la Santé et des Services sociaux du Québec, en 1988, vient confirmer de façon non équivoque l'intérêt du Québec pour l'intégration sociale de ses citoyens déficients intellectuels. Jamais le ministère de la Santé et des Services sociaux n'aura été si loin dans la promotion des droits de la personne déficiente intellectuelle. À titre d'exemple, voici les six principes directeurs à partir desquels le Ministère entend fonder son action:

• la présomption de compétence de la personne;
• la promotion de l'autonomie de la personne;
• l'implication de la personne, de ses parents ou de son représentant;
• la promotion de la responsabilité parentale;
• l'implication de la communauté;
• l'implication de l'État.

De plus, le Ministère souligne son intention d'orienter ses ressources en fonction de la valorisation des rôles sociaux et de l'intégration de la personne déficiente intellectuelle.

Période 1960 à...: un sujet d'intégration...

• émergence d'associations de parents;
• mise en valeur de l'approche de la normalisation des services;
• reconnaissance des droits des personnes déficientes intellectuelles;
• valorisation du rôle social de la personne;
• acceptation de l'intégration des personnes déficientes intellectuelles comme un impératif humain et social.

△ 1.2 L'intégration...
un impératif humain et social

Avec la publication du document «*L'intégration des personnes présentant une déficience intellectuelle*», le ministère de la Santé et des Services sociaux met l'accent sur plusieurs dimensions des services à la personne dont celle de l'intégration sociale qu'il considère de première importance. On y confirme, bien sûr, les grands principes à la base du mouvement d'intégration sociale mais on y dégage surtout les lignes maîtresses devant permettre la réalisation de l'intégration sociale planifiée des personnes déficientes intellectuelles.

Pour y arriver, le ministère propose notamment la mise en place d'un plan régional d'organisation des services afin de garantir la création de services accessibles et de qualité pour la personne présentant une déficience intellectuelle. Par cette volonté, on reconnaît de façon plus spécifique la primauté de la personne dans le processus d'intégration sociale en accordant une place centrale à cette personne via son plan de services individualisé.

Cependant le plan de services individualisé n'est pas une panacée. Il n'a de valeur que s'il s'inscrit dans une perspective d'intégration communautaire de la personne. Aussi retrouve-t-on dans ce guide les grands paramètres d'un programme de réintégration sociale qui identifie les activités essentielles à l'actualisation d'un plan de transformation des ressources institutionnelles. En effet, l'actualisation du plan de services n'est possible et réalisable qu'en fonction de l'existence de ressources intégrées. Il en va de même pour la réalisation du plan de services qui appelle à son tour la création de ressources communautaires. C'est dans cette perspective qu'il nous apparaît essentiel de reprendre les éléments-clés du processus de désinstitutionnalisation. Mis en lumière, ces éléments peuvent être utilisés comme des indications de l'action que propose le guide du ministère de la Santé et des Services sociaux. Nous avons regroupé ces éléments humains sous quatre grandes dimensions: conviction des intervenants, concertation des partenaires, compétences des personnes et coordination des opérations. Mis en application de manière complémentaire, ces quatre «C» favorisent grandement une intégration sociale harmonieuse de la personne.

Conviction des intervenants

Par conviction, on entend le partage des mêmes croyances, des mêmes certitudes. Cette conviction doit être manifeste aux différents paliers de l'organisation. Aussi, il revient en premier lieu au conseil d'administration de confirmer son adhésion à l'idéologie de la normalisation et de la valorisation du rôle social de la personne par l'expression de volontés politiques claires et fermes. Cet engagement devra être ressenti aussi bien de la part du personnel d'encadrement que de la part des intervenants travaillant auprès des personnes déficientes intellectuelles.

Les administrateurs devront donc prévoir des activités de sensibilisation, d'information et de formation susceptibles de rallier l'ensemble des intervenants autour d'une même cause. L'adhésion à une idéologie commune devient le point d'arrimage de l'ensemble du processus d'intégration sociale de la personne.

Ces convictions doivent aussi être partagées par les partenaires impliqués dans ce processus. Pensons plus particulièrement aux parents, parents substituts, praticiens sociaux, etc... Dans une certaine mesure, il faudra aussi s'assurer d'un minimum d'acceptation de la part de la communauté en général.

CONVICTION

* *des assises idéologiques solides partagées par les divers paliers de l'organisation et par les partenaires.*

Concertation des partenaires

La concertation implique la recherche conjointe d'une solution. Le premier lieu de concertation concerne la personne et ses besoins. Le plan de services individualisé est alors un moment privilégié pour identifier les moyens à prendre pour répondre à ses besoins. On doit donc comprendre que l'ensemble des intervenants impliqués dans le processus d'intégration sociale sont prêts à partager leur pouvoir, à l'utiliser au profit de la personne, de ses besoins.

Vue de l'intérieur même du milieu, la concertation implique un style de gestion participative et démocratique. L'employeur doit notamment proposer des modalités de consultations et d'implications du partenaire syndical. Chaque milieu, selon le contexte, sa culture, devra mettre en place une structure favorisant la recherche des meilleures voies possibles à l'intégration sociale des personnes.

À un autre niveau, la concertation avec les partenaires communautaires est indispensable à l'élaboration de services complémentaires, variés et adaptés. Cette collaboration implique une adhésion au but commun, aux grands principes et aux valeurs à l'origine du projet d'intégration sociale de la personne (conviction). Elle suppose aussi des ententes spécifiques tels, par exemple, les comités d'inscription conjoints ou d'évaluation des ressources. La formation du comité sur lequel siègent un ou plusieurs représentants de chaque établissement est souvent un moyen privilégié pour raffermir la concertation chez les intervenants.

Enfin, la concertation suppose une volonté de partager ses pouvoirs et de dépasser les stricts intérêts corporatifs. Chaque établissement a besoin des autres pour réussir son mandat. Au plan organisationnel, le Conseil régional de la santé et des services sociaux est certainement le mieux placé pour promouvoir cette cause et devenir ainsi la pierre angulaire de cette concertation.

Par ailleurs, les parents des personnes ayant une déficience intellectuelle doivent être considérés comme des partenaires privilégiés et à part égale, dans le processus d'intégration sociale. Leur implication est sollicitée à chaque étape importante de l'intégration sociale. L'une de ces étapes passe tout particulièrement par l'élaboration du plan de services. Bien que plusieurs d'entre eux soient souvent hésitants à participer au processus de désinstitutionnalisation, ils deviennent généralement d'ardents promoteurs de l'intégration sociale dès qu'ils ont vécu les premiers moments de ce processus.

CONCERTATION

- *action concertée, tant par les groupes internes des établissements que les groupes externes, les parents et les autres établissements;*

- *suppose un modèle de gestion ouvert axé sur la participation de tous les membres de l'organisation.*

Compétences de la personne et des intervenants

La personne déficiente intellectuelle est le sujet principal du processus d'intégration sociale. On doit donc faire en sorte qu'elle développe les compétences nécessaires pour y parvenir. Ceci, bien sûr, ne présume pas que la personne doit posséder toutes les habiletés nécessaires à son intégration avant de faire le passage du milieu ségrégé à la communauté. L'expérience prouve que la communauté est le lieu privilégié d'apprentissage. Quant aux intervenants (travailleur social, éducateur, etc.), ils doivent être en mesure de composer avec un environnement communautaire.

L'organisation doit donc prévoir des programmes de formation adaptés aux nouveaux besoins des intervenants et à chaque catégorie d'intervenants. L'intervenant doit aussi être supporté par une organisation dont le plan d'encadrement est adapté à une structure désinstitutionnalisée et décentralisée. Cette nouvelle réalité suppose aussi que le personnel d'encadrement reçoive aussi une formation appropriée.

Il ne faut pas oublier que, de ce contexte, doit découler un mode de gestion qui valorisera la prise en charge de responsabilités par l'intervenant. Enfin, il faut prévoir des activités de sensibilisation, d'information et de formation auprès des parents (le P.S.I. par exemple) et parents substituts afin de leur permettre de jouer un rôle actif dans la démarche.

COMPÉTENCES

- *les habiletés à développer chez la personne;*

- *les habiletés à développer chez les intervenants, les parents et les parents substituts;*

- *activités de formation pour l'ensemble du personnel, incluant les cadres.*

Coordination des opérations

À un autre niveau, l'actualisation d'un plan de transformation des ressources suppose une démarche structurée et planifiée. Cette démarche fait appel à un calendrier d'opérations détaillé, des étapes critiques à franchir, des stratégies établies lorsque nécessaires en concertation avec les partenaires. De plus, la présentation du plan de transformation des ressources du centre d'accueil au Conseil régional de la santé et des services sociaux est une autre démarche qui facilite une meilleure coordination entre les partenaires.

Par ailleurs, une coordination efficace comporte des temps d'évaluation. Idéalement, l'évaluation devrait être envisagée sur une base continue, permettant de réajuster rapidement les actions en cours ou à venir. Certaines réalités apparaissent plus importantes que d'autres à évaluer. Nous pensons notamment aux évaluations touchant la qualité de vie des bénéficiaires, la pertinence et l'efficacité des formations, l'état de la collaboration inter-établissements et l'évaluation des programmes d'apprentissage touchant les prérequis à l'intégration.

Enfin, l'ensemble des activités résumées plus haut nous apparaissent comme des prérequis indispensables à l'intégration communautaire. Mais toutes ces actions ne doivent pas nous faire prendre pour acquis que la communauté accueillera d'emblée la personne. La population a besoin d'être sensibilisée et informée à propos de la personne et de ses droits. Nous pensons que l'établissement doit supporter la communauté dans sa démarche d'ouverture aux personnes ayant une déficience intellectuelle. Certaines études (Boisvert et Ouellet, 1989) démontrent que la communauté est généralement accueillante envers les personnes déficientes intellectuelles mais qu'elle ignore comment aborder ces personnes.

Serban Ionescu, dans son livre «*L'intervention en déficience intellectuelle*» mentionne qu'un des moyens les plus efficaces de modification des attitudes sociales face à la personne ayant une déficience intellectuelle est le contact structuré et planifié. À titre d'exemple, la participation à une tâche commune d'embellissement d'un parc est une activité intégrante et valorisante.

COORDINATION

- *planification du processus d'intégration sociale faite conjointement avec les partenaires;*

- *coordination régionale des services;*

- *processus d'évaluation continu;*

- *plan de services de la personne ayant une déficience intellectuelle.*

La figure 1.1 ci-dessous illustre un regroupement des quatre grandes dimensions: 1) conviction des intervenants, 2) concertation des parte-

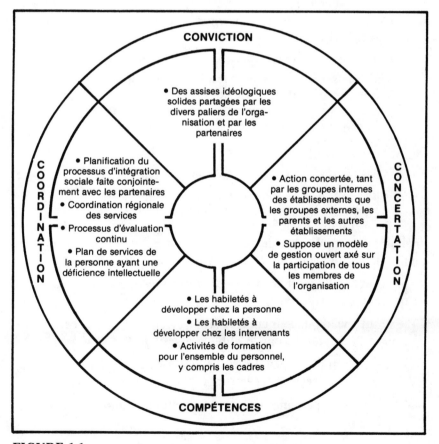

FIGURE 1.1
Présentation des dimensions humaines importantes
d'une planification d'intégration sociale

naires, 3) compétences des personnes et des intervenants, 4) coordination des opérations.

Ces quatre «C» sont les composantes humaines fondamentales d'une planification réfléchie qui devrait conduire à l'intégration de la personne et au support à la communauté. Comme l'illustre la figure 1.1, la personne déficiente intellectuelle occupe une place centrale dans l'ensemble du processus.

△ ## 1.3 La reconnaissance et l'exercice des droits des personnes déficientes intellectuelles

Grunewald *et al.* (1987) mentionnent que l'aspect de la protection des droits des personnes déficientes intellectuelles par des lois adéquates favorise leur intégration.

> «En se dotant d'une législation qui garantit les droits des déficients mentaux et qui, en même temps, assure les moyens nécessaires à l'exercice de ces droits, toute communauté humaine apporte une contribution essentielle à la réussite de l'intervention visant l'autonomie et l'intégration sociale de ces personnes». (p. 145)

L'Association des centres d'accueil du Québec, dans «*Rôle et orientations des centres de services d'adaptation et de réadaptation pour personnes ayant une déficience intellectuelle*», précise ces droits et souligne, quant à elle, que l'ensemble des efforts consentis pour améliorer les conditions de vie des personnes ayant une déficience intellectuelle touchent quatre grands secteurs d'intervention:

— le statut légal qui est accordé à ces personnes, c'est-à-dire les droits qui leur sont reconnus;

— le statut social que leur confère la société, c'est-à-dire la considération et l'acceptation par le public en général;

— les moyens dont ces personnes disposent pour exercer leurs droits, c'est-à-dire les services et le support que leur offre la société;

— l'usage que les personnes concernées font de ces moyens et de leurs droits.

1948	Déclaration internationale des droits de l'homme.
1960	Déclaration canadienne des droits.
1964	Publication du rapport Parent. Création du ministère de l'Éducation du Québec.
1968	Déclaration des droits des déficients mentaux.
1970	Création du ministère des Affaires sociales.
1971	Adoption de la Loi sur les services de santé et services sociaux. Déclaration des droits du déficient mental.
1972	Adoption de la Loi sur la protection du malade mental.
1973	Publication du Mémoire de programmes sur les services à l'enfance.
1975	Proclamation de la Charte québécoise des droits et libertés de la personne.
1976	Publication du Rapport COPEX sur l'éducation de l'enfance en difficulté d'adaptation et d'apprentissage au Québec.
1977	Publication d'une proposition de politique à l'égard des personnes handicapées.
1978	Adoption de la Loi assurant l'exercice des droits des personnes handicapées et création de l'Office des personnes handicapées du Québec.
1981	Année internationale des personnes handicapées. Conférence socio-économique sur l'intégration de la personne handicapée.
1982	Adoption de la Charte canadienne des droits et libertés.
1984	Décret du gouvernement du Québec proclamant la période 1983-1992 décennie des personnes handicapées.
1985	Conférence « À part... égale » et Proposition d'une politique d'ensemble sur l'intégration sociale des personnes handicapées. Sous-commission parlementaire sur la prestation des services aux personnes souffrant de troubles mentaux et vivant dans la communauté.
1986	Déclaration ministérielle confirmant la volonté du M.S.S.S. de supporter l'intégration sociale des personnes ayant une déficience intellectuelle.
1988	Document ministériel (MSSS) sur « *L'intégration des personnes présentant une déficience intellectuelle* ». Loi sur l'instruction publique (Loi 107).

TABLEAU 1.1
Vue d'ensemble des événements majeurs survenus entre 1948 et 1988.

Dans plusieurs pays, plus particulièrement au Québec, certains événements majeurs nous permettent de suivre les efforts consentis pour garantir les droits des personnes déficientes intellectuelles. Le tableau 1.1 nous donne une vue synoptique de ces événements.

Parmi ces dates, l'adoption de la loi assurant l'exercice des droits des personnes handicapées est particulièrement importante. Comme le souligne Denis Lazure (1988), alors ministre des Affaires sociales, cette mesure est essentielle puisqu'elle confirme la personne déficiente intellectuelle comme un citoyen à part entière et non pas comme un être faible nécessitant protection.

Enfin, la dernière publication du ministère de la Santé et des Services sociaux confirme, de façon non équivoque, une volonté politique du gouvernement québécois de procéder à la réinsertion sociale de toutes les personnes déficientes intellectuelles encore confinées en institution. En ce sens, « *L'intégration des personnes présentant une déficience intellectuelle* », marque une date importante dans l'orientation des services pour cette catégorie de citoyens.

Par ailleurs, comme nous le soulignons plus haut, la reconnaissance et l'exercice des droits ne sont réalisables qu'à partir du moment où la communauté est disposée à accorder une place à ces personnes, que la société se donne les moyens pour favoriser l'exercice de leurs droits.

Cela suppose donc que les personnes et les organismes chargés d'en assurer la mise en oeuvre agissent avec vigueur et conviction. Le travail remarquable des parents d'enfants ayant une déficience intellectuelle n'est malheureusement pas toujours supporté par les organisations professionnelles. Une étude réalisée pour le compte de l'Association du Québec pour les déficients mentaux[4] durant l'année 1986, « *Le droit et la déficience intellectuelle* », en vient à la conclusion que les droits des personnes déficientes intellectuelles ne se traduisent malheureusement pas dans leur vécu.

Plus particulièrement les auteurs de l'étude affirment ceci dans la préface de leur livre:

> « Il ne suffit pas que des droits soient reconnus, les mécanismes
> prévus pour en permettre l'exercice exigent que les organismes
> et les personnes, chargés de l'application des dispositions
> législatives, agissent en confirmité avec leur mandat légal,
> dans toute l'étendue de leur pouvoir. Trop souvent, c'est

---

4   L'Association du Québec pour les déficients mentaux a changé d'appellation en mai 1987. Ce regroupement porte maintenant le nom de Institut québécois pour l'intégration sociale.

dans l'inertie de ces personnes et de ces organismes de
protection qu'il faut chercher la cause première de cette
espèce de tolérance qui permet que soit véhiculée l'idée que
les personnes déficientes intellectuelles ne sont pas comme
les autres».

Cette carence au plan de l'exercice des droits confirme encore qu'il
faut dépasser cette acceptation «de principe» par des comportements
authentiques et profonds (Ionescu, 1987:60); et, lorsqu'on prétend
que la communauté en général n'est pas toujours prête à accueillir ces
personnes, il faut peut-être d'abord vérifier nos propres croyances,
notre propre acceptation et interroger nos propres comportements
quant à la reconnaissance de leurs droits.

▲ 1.4 En résumé

La perception de la personne déficiente intellectuelle a conditionné de tout temps, l'évolution des services. Depuis l'époque où ces
personnes étaient considérées comme des objets d'intérêt jusqu'à
aujourd'hui, où elles réintègrent leur communauté, on observe des
changements importants dans la prestation de services. Les premiers
services organisés étaient ségrégués et l'institution apparaissait comme
le meilleur moyen d'offrir ce genre de services et de protéger la
population.

Aujourd'hui, le principe de normalisation des services est reconnu
des divers paliers de l'organisation des services de santé et des services
sociaux. L'action des associations de parents concourt également, par
la pression qu'elle exerce auprès des établissements et du gouvernement,
à la création de services communautaires, de préférence aux services à
l'internat.

Au Québec, avec la publication du document «*L'intégration des
personnes présentant une déficience intellectuelle: Orientations et
guide d'action*», le ministère de la Santé et des Services sociaux
démontre une volonté politique ferme à l'égard de l'intégration sociale
de ces personnes. Il accorde une place centrale à la personne dans son
processus d'intégration et lui donne le moyen de coordonner ses
services par le plan de services. Cependant comme le plan de services

n'a de valeur que s'il s'inscrit dans une perspective d'intégration communautaire, certains éléments du processus de désinstitutionnalisation deviennent des paradigmes: la conviction des intervenants, la concertation des partenaires, la compétence de la personne et des intervenants et la coordination des opérations.

La reconnaissance et l'exercice des droits des personnes déficientes intellectuelles contribuent à la réussite du processus d'intégration sociale. Quatre grands secteurs d'intervention visant l'amélioration des conditions de vie de ces personnes sont identifiés: statut légal qui est accordé à ces personnes, statut social que leur confère la société, moyens dont ces personnes disposent pour exercer leurs droits et l'usage que les personnes concernées font de ces moyens et de ces droits. L'adoption de la loi assurant l'exercice des droits en 1978 ainsi que la publication du guide d'action et d'orientation du ministère de la Santé et des Services sociaux en 1988 marquent une autre étape importante dans l'orientation des services d'aide aux personnes déficientes intellectuelles.

PRINCIPALES RÉFÉRENCES

ASSOCIATION CANADIENNE POUR LES DÉFICIENTS MENTAUX (1978). *Manuel d'orientation sur la déficience mentale.* Toronto: ACDM.

ASSOCIATION DES CENTRES D'ACCUEIL DU QUÉBEC (1987). *Rôle et orientations des centres de services d'adaptation et de réadaptation pour personnes ayant une déficience intellectuelle.* Montréal: ACAQ.

ASSOCIATION DU QUÉBEC POUR LES DÉFICIENTS MENTAUX (1986). *Le droit et la déficience mentale.* Montréal: AQDM.

BOISVERT, D. et P.A. OUELLET (à paraître). Désinstitutionnalisation et intégration sociale: l'expérience québécoise, dans S. Ionescu (Éd.). *L'intervention mentale, tome 2.* Bruxelles: Pierre Mardaga, éditeur.

GRUNEWALD, K. *et al.* (1987). La législation concernant l'assistance offerte aux personnes déficientes mentales, dans *L'intervention en déficience mentale*, tome 1. Bruxelles: Pierre Mardaga, éditeur, pp. 154-184.

IONESCU, S. (1987). *L'intervention en déficience mentale*, tome 1. Bruxelles: Pierre Mardaga, éditeur.

KEBBON, L. (1987). Le principe de normalisation, dans S. Ionescu (Éd.). *L'intervention en déficience mentale*, tome 1. Bruxelles: Pierre Mardaga, éditeur, pp. 63-67.

MINISTÈRE DE LA SANTÉ ET DES SERVICES SOCIAUX (1988). *L'intégration des personnes présentant une déficience intellectuelle:; Orientations et guide d'action.* Québec: Gouvernement du Québec.

OFFICE DES PERSONNES HANDICAPÉES DU QUÉBEC (1985). *À part... égale: sans discrimination ni privilège.* Québec: éditeur officiel.

RODIER, A. (1988). *Le pari de l'intégration. Témoignages sur dix années de désinstitutionnalisation.* Victoriaville: C.A. Nor-Val.

WOLFENSBERGER, W. et L. Gleen (1975). *Program Analysis of Service Systems (Pass 3).* Toronto: National Institute of Mental Retardation.

CHAPITRE 2

De la valorisation des rôles sociaux

par **Wilfrid Pilon**, Ph.D.

La politesse est un hommage aux semblables, une reconnaissance du semblable, sans enquête, au seul aspect. C'est supposer dans l'autre l'esprit et le coeur, toute la délicatesse possible et en tenir compte... Un homme de politesse moyenne est fin comme trois moralistes.

ALAIN

D ès la fin des années cinquante, les protagonistes de l'action sociale dans les pays scandinaves dénoncèrent les conditions inhumaines dans lesquelles les personnes présentant une déficience intellectuelle étaient placées. Une volte-face radicale s'imposait. La ségrégation collective et le retrait de ces personnes des réseaux réguliers de la communauté depuis des décennies ne pouvaient être corrigés que par une redéfinition d'une idéologie plus humaine dans la distribution de services à ces personnes. De ces réformes sociales au Danemark est née la première ébauche du principe de normalisation qui voulait dorénavant offrir aux personnes ayant une déficience intellectuelle «une existence aussi normale que possible» (Bank-Mikkelson, 1980).

△ 2.1 *Évolution d'un concept:*
la normalisation

Le mérite d'une conceptualisation aussi nuancée et précise du principe de normalisation, telle que nous la connaissons dans sa version actuelle (Wolfensberger, Thomas, 1983), revient au professeur Wolfensberger. Dans sa première version, le principe de normalisation est défini comme «l'utilisation de moyens aussi culturellement «normatifs» que possible afin d'établir ou de maintenir des expériences, des comportements, des apparences et des perceptions qui soient culturellement "normatifs"».

À prime abord, ce principe apparaît très simple. Mais on a tôt fait de s'apercevoir des prolongements théoriques et pratiques qui se sont rapidement développés. L'application de ce principe s'est également propagée à l'ensemble des personnes dévalorisées, ne s'adressant, au départ, qu'aux personnes déficientes intellectuelles pour finalement englober toute personne risquant d'être dévalorisée.

Au fur et à mesure que le concept se précisait et que son utilisation devenait de plus en plus populaire, deux critiques importantes émergeaient quant à l'emploi du vocable normalisation. D'une part, il est rapidement apparu que ce vocable comportait un sens péjoratif lorsque utilisé en association avec la politique, telles les politiques normalisantes d'un gouvernement (Vanay, 1987). D'autre part, la signification que l'on accordait au mot normalisation variait selon les personnes. "Normalisation" ou vivre des situations normalisantes sont des expressions familières et usuelles auxquelles les gens attribuaient une signification populaire sans référer au sens donné par l'auteur. Aussi, au fil des ans, le concept de normalisation est habituellement employé pour qualifier une ressource ou des services à la personne.

À cause d'une utilisation universellement acceptée et, faute d'un vocable de qualité supérieure qui conserverait sa simplicité mais qui en même temps traduirait le sens exact compris dans normalisation, Wolfensberger (1984) propose avec beaucoup d'hésitation le vocable de "valorisation des rôles sociaux". Dorénavant, le vocable "normatif" compris dans la définition initiale est substitué par celui de "valorisé".

Si nous examinons de près le sens du vocable valorisation des rôles sociaux, nous constatons rapidement la grande simplicité de la nouvelle dénomination du principe de normalisation. Quant à sa signification, le nouveau vocable communique des objectifs plus justes par rapport à l'idéologie sous-jacente.

À partir des définitions des dictionnaires, "valorisation" signifie "un rehaussement des valeurs" ou "ce en quoi une personne est digne d'estime quant aux qualités souhaitées telles des caractéristiques morales, intellectuelles, professionnelles". Le mot "rôle" prend un sens "de conduite sociale qu'une personne assume lorsqu'elle joue un certain personnage". Et enfin, le mot "social" signifie "vivre ensemble dans la société". La dénomination de normalisation prend dorénavant le sens d'un rehaussement, à partir d'actions structurées, des valeurs et des rôles assumés par les personnes vivant ensemble en communauté.

Quelles sont les raisons qui incitent à rehausser les valeurs associées aux rôles de l'individu vivant au sein de la communauté? Les mêmes raisons que celles préconisées pour le principe de normalisation depuis le début. Si nous développons des activités et des pratiques multiples et diversifiées pour rehausser la valeur des rôles assumés par les personnes présentant une déficience intellectuelle dans la société, ces personnes continueront à se comporter de façon socialement acceptable. Elles contribueront à l'économie collective et elles deviendront des participantes actives à leur communauté. Elles partageront des interactions humaines et vivront des expériences enrichissantes (Warren, 1987).

Valoriser une personne et *valoriser les rôles sociaux* assumés par les personnes sont deux processus bien distincts. Par exemple, il peut être facile de s'attacher sincèrement à ces personnes sans cependant leur attribuer véritablement des rôles socialement valorisants. Beaucoup de gens près de ces personnes pourraient vous dire qu'ils les aiment véritablement mais d'un autre côté ils les surprotègent à un point tel qu'ils contrôlent complètement leur vie. Ainsi ces personnes peuvent être aimées comme être humain mais elles se retrouvent toujours confrontées au même dilemme: celui d'être réduites à assumer un rôle d'incompétence ou d'irresponsabilité. L'amour d'une personne est un sentiment humain et noble qui ne mène pas nécessairement à faire ce qui doit être fait dans l'intérêt de la personne aimée et de son plus grand épanouissement.

△ 2.2 Les concepts sous-tendant la valorisation des rôles sociaux

Le principe de la valorisation des rôles sociaux prend toute son importance lorsque nous comprenons bien ce que peut signifier "être perçu" comme une personne déviante ou dévalorisée. Il peut être difficile pour une personne qui n'a jamais été perçue comme telle, de se faire une idée à propos de toutes les insinuations, les évocations et les conséquences associées au phénomène de déviance. La valorisation des rôles sociaux tente de nous faire prendre conscience d'un grand nombre d'images négatives découlant du fait d'être perçue comme personne dévalorisée et nous incite à chercher des réponses plus positives.

Le concept de déviance

Dans une perspective sociologique, la définition de la déviance implique qu'une caractéristique importante de la personne soit négativement mise en valeur par une partie importante de la société. En vertu de cette définition, une personne ayant une paralysie cérébrale pourrait être perçue comme une personne déviante à cause des manifestations de comportements cérébraux moteurs évidents. Conséquemment, les différences naturelles et culturelles, telles la couleur de la peau, la forme des yeux ou la façon de s'exprimer ne peuvent être considérées communément comme une déviance. La couleur de la peau, la forme des yeux ou la façon de s'exprimer doivent acquérir d'abord une signification négative de celui qui observe. Pour qu'il y ait déviance, deux conditions sont nécessaires: une interprétation négative du trait considéré et une perception de ce trait par un groupe important de la société. C'est pourquoi la déviance est fortement teintée par la culture dans laquelle nous vivons.

Dans certaines cultures, des traits seront perçus comme des déviances alors que dans une autre culture ces mêmes traits n'auront pas la même valeur négative. Cependant peu importe la culture dans laquelle nous vivons, certaines différences seront toujours causes de déviance telles par exemple, les différences ethniques. Comment un interlocuteur perçoit-il une personne présentant une démarche chancelante et mal assurée qu'accompagnent des mouvements saccadés et brusques de la tête et des bras? Comment peut-on demander des informations à une personne dont l'élocution est déficiente?

En fonction de tout ce qui a été dit jusqu'à maintenant, il ne faut pas oublier que face à cette personne, nous percevons non seulement ses caractéristiques personnelles, mais nous les percevons en fonction de nos préjugés, eux-mêmes fortement tributaires des images liées à l'apparence, aux comportements de la personne ainsi qu'au cadre de vie, aux activités et aux caractéristiques de l'entourage (Vanay, 1987).

Conséquemment la perception que nous avons d'une personne est un peu comme les deux faces d'une même pièce de monnaie. D'un côté, nous retrouvons la réaction de la société envers ces personnes à risque de dévalorisation qui se traduit par des réponses déshumanisantes (les traiter comme si elles n'étaient pas humaines), des réponses et non-sens en raison de leur groupe d'âge (les traiter comme d'éternels enfants) et des réponses d'isolement (regroupement favorisant la perception d'images négatives). D'un autre côté, la personne réagit en fonction des attentes et des images développées à partir de ces réponses. C'est l'effet Pygmalion; nous traitons la personne en enfant, elle agira comme un enfant.

Certains auteurs, tel O'Brian (1980) ont déjà parlé de la déviance en utilisant des termes comme "cercles vicieux" et de "carrière en déviance". Ces notions imagent bien les conséquences du phénomène de la déviance. Une réflexion sur l'énoncé de cet auteur s'impose. Lorsque nous choisissons une carrière, c'est généralement pour la vie. Alors que l'image du cercle vicieux suggère qu'en dépit des efforts déployés nous tournons toujours en rond sans jamais pouvoir nous en sortir. L'individu étiqueté «déficient intellectuel» personnifie tous les stéréotypes associés à sa condition qui, conséquemment, le place en situation de cercle vicieux ou l'oriente dans une carrière en déviance. Le tableau 2.1 illustre bien ce cercle vicieux dans lequel une personne ayant une déficience intellectuelle peut être engagée et ce, bien malgré elle. Qui voudrait vivre dans un cercle vicieux?

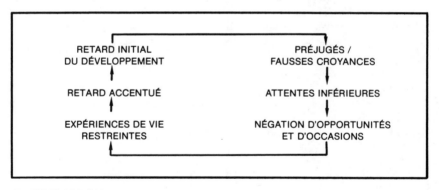

TABLEAU 2.1
Le cercle vicieux de la déviance

VALORISATION DE L'IMAGE SOCIALE

Milieux physiques	Les rapports et les regroupements	Activités programmées et emploi du temps	Langage et autres images et symboles
Harmonie avec le voisinage	Revalorisation de la juxtaposition avec d'autres programmes	Valorisation des travailleurs des services humains	Valorisation des possessions personnelles
Apparence externe et interne	Importance du regroupement et potentiel d'assimilation	Valorisation des programmes conformes à la fonction	Apparence personnelle
Revalorisation de la proximité avec d'autres ressources	Valorisation de la composition du regroupement	Horaires et activités appropriés à l'âge et à la culture	Étiquette et forme d'interpellation, nom et logo du service
Revalorisation de l'histoire	Valorisation des autres formes d'intégration sociales	Promotion de l'autonomie et des droits	Valorisation du financement des programmes

VALORISATION DE LA COMPÉTENCE

Milieux physiques	Rapports et regroupements	Activités programmées et emploi du temps
Accès aux personnes, familles et publics	Valorisation du petit groupe et composition	Répond aux besoins urgents et réels
Proximité des ressources potentiellement intégrantes	Valorisation des autres formes d'intégration sociale	Utilisation efficace et de façon intensive du temps
Confort physique du milieu	Programmes individuels	Prévision et promotion de la valorisation
Environnement présentant défis et opportunités	Interactions enrichissantes de la vie	Possession d'effets personnels
Environnement facilitant l'individualisation	Promotion d'une identité sexuelle valorisée par la société	

TABLEAU 2.2
Structure hiérarchique de la valorisation sociale

En plus d'être une fin en soi, son caractère idéologique aidant, la valorisation du rôle social se définit aussi par rapport à des moyens devant permettre d'identifier, d'analyser et d'inverser l'effet du cercle vicieux auquel les personnes à risque de dévalorisation sont soumises. La valorisation du rôle social a donc aussi comme objectifs la réduction ou la prévention des stigmates et la modification des attitudes. Le résultat attendu devrait alors se vérifier par la valorisation de l'image sociale de la personne et l'augmentation de la compétence de celle-ci.

Pour valoriser l'image sociale de la personne, quatre médias d'influence furent plus spécifiquement identifiés. Ce sont: 1) les milieux physiques, 2) les rapports et les regroupements, 3) les activités et l'emploi du temps et 4) le langage et les symboles.

Pour rehausser la compétence de la personne, trois grands médias d'influence furent également identifiés, soit: 1) les milieux physiques, 2) les rapports et les regroupements et 3) les activités et l'emploi du temps.

Les différents médias d'influence identifiés correspondent à chacun des sous-objectifs et constituent, en quelque sorte, les critères d'évaluation retrouvés sous les rubriques des instruments Passing[1] et Pass[2].

△ 2.3 Les sept corollaires de la valorisation des rôles sociaux

Un certain nombre de concepts ou de notions issus de différents courants de pensée ont influencé l'élaboration du principe de la valorisation des rôles sociaux. L'inconscience, l'attribution de rôles, le conservatisme (ou compensation positive), le modèle "développemental", l'apprentissage par imitation de modèles, l'influence de l'image sociale et la participation sociale sont tous et toutes des notions fondamentales à la compréhension des dimensions comprises dans la valorisation des rôles sociaux.

---

1 PASSING: Program Analysis of Services Systems' Implentation of Normalization Goals.
2 PASS: Program Analysis of Services Systems.

L'inconscience

Pour l'auteur, l'inconscience joue un rôle primordial dans la prestation des services humains. La théorie psychanalytique a démontré qu'un bon nombre de dynamiques inconscientes contrôlent et influencent en très grande partie nos routines et nos habitudes quotidiennes. Il est donc normal qu'une réalité aussi importante que l'inconscient dans notre existence quotidienne puisse également avoir une influence au niveau de la dispensation de services humains. Nombreux sont les gens distributeur de services qui ignorent les fonctions réelles ou les dynamiques importantes contribuant au maintien du "stato quo" de la situation des personnes dévalorisées. La valorisation du rôle social met en lumière un grand nombre de ces motifs inconscients et recommande des stratégies de prise de conscience pour corriger les perceptions négatives associées aux personnes. Par exemple, les milieux de vie ou de travail inadéquats, les regroupements avec d'autres personnes présentant des difficultés semblables et les activités futiles et insignifiantes qu'elles doivent fréquemment effectuer contribuent consciemment ou inconsciemment à maintenir des images négatives à leur égard.

Attributions, attentes et conduites

Les approches cliniques traditionnelles, particulièrement l'approche psychanalytique, faisaient reposer la responsabilité intégrale de la "normalité" ou de la déviance presque exclusivement sur l'individu. Selon cette perspective, le fait d'être "normal" ou déviant relève de caractéristiques ou de traits inhérents à la personne et, par le fait même, invite l'intervenant à se concentrer sur les lacunes spécifiques de la personne. Cette approche ne permet pas de regarder la personne comme une entité globale.

Alors que les études en psychologie sociale et en sociologie nous ont permis de redéfinir cette responsabilité en démontrant que la déviance découle de l'interaction entre la personne perçue comme déviante et l'observateur (Schaff, 1966 et Schur, 1971, cités par Flynn et Nitsch, 1980) ou, si on préfère, la déviance serait dans l'esprit de celui qui observe (Wolfensberger, 1972). Ici, la notion de déviance présente donc une double facette: l'image ou les représentations que l'on fait de la déviance en tant qu'observateur et les inaptitudes reliées à l'individu. D'ailleurs, Wolfensberger recommande une solution à deux volets: le rehaussement de l'image (interprétation) et le rehaussement des compétences (interaction) de la personne.

Dans ce contexte, les théories de l'attribution de rôles et l'anticipation de la réaction de groupe assument une place importante en valorisation du rôle social. Les sciences sociales ont amplement démontré qu'un individu peut généralement être amené à agir en fonction des attributs que le groupe lui prête. L'homme fait essentiellement partie de la communauté humaine et l'interaction qui s'établit entre lui et le monde qui l'entoure est un processus d'apprentissage profondément social. En général, les personnes assument les rôles qui leur sont attribués. Ceci permet aux gens qui définissent les rôles sociaux (les normes) de prédire les comportements qu'une personne adoptera pour se conformer à ce rôle (l'effet Pygmalion). Malheureusement, nous dit Wolfensberger (1972), les comportements appropriés habituellement reliés au rôle, sont perçus comme le mode naturel d'être de la personne plutôt qu'un mode de fonctionnement suscité par les événements de l'environnement et des situations.

Il est tout à fait juste d'affirmer que l'apprentissage des rôles est fonction de l'anticipation que fait l'individu de ce que sera la réaction du groupe. Cette anticipation dépend à son tour de la somme des expériences sociales vécues par l'intéressé.

L'analyse de la structure du système social et des services que ces personnes reçoivent nous permet de constater que l'attente reliée aux rôles qu'on leur demande d'assumer fait partie d'un ensemble de comportements favorisant le développement de la dépendance (Rush et Mithaug, 1985). L'entourage de la personne assume, pour une très grande partie, des rôles de professionnels (professeurs, thérapeutes et parents) dont la tâche consiste essentiellement à leur faire endosser un rôle "d'assistance". Même si les enfants normaux entretiennent aussi des rapports "d'assistance", ils ont aussi des rapports avec des pairs, des frères et des soeurs et même des adultes, ce qui leur donne, contrairement aux personnes dévalorisées, des occasions favorisant les concessions mutuelles dans un contexte de réciprocité.

Le processus de socialisation consiste justement à exercer et à subir des influences émanant de contacts avec des personnes significatives.

Les premières interactions, enfants, parents, pairs et voisins servent de toile de fond aux apprentissages menant à la prise de conscience et au développement des habiletés sociales de l'enfant (Lundberg et al., 1968). Ce processus façonne graduellement le comportement de l'enfant et les attentes de l'entourage durant tout son cycle de vie pour atteindre son point de maturité à la vie adulte.

Fréquemment les rôles et les attentes des personnes valorisées et des personnes dévalorisées sont différents. Le système social aussi est différent. Les rapports de réciprocité ne sont pas présents dans la vie quotidienne des personnes dévalorisées. Leur exclusion du système social régulier leur apporte deux grandes difficultés majeures:

1° elles n'ont pas de possibilité ou d'opportunité d'exercer ou de subir des influences issues des rapports de réciprocité avec des gens normaux et, par le fait même, ces personnes ne peuvent bénéficier du contrôle, par l'entourage, de leurs comportements négatifs;

2° il n'y a pas d'attente de la part des personnes importantes puisque leur seule influence est de développer la dépendance. Ces personnes n'acquièrent donc pas de nouveaux rôles.

Le « *conservatisme* »

Le corollaire du conservatisme ou de compensation positive stipule que plus les stigmates ou les déviances d'une personne sont nombreux, diversifiés ou sévères, plus il est difficile de compenser l'effet négatif de la perception que se font les observateurs. Prenons l'exemple d'une personne marchand dans la rue et dont une jambe est plus courte que l'autre. Cette personne pourrait passer inaperçue. Si par contre, on lui adjoint un compagnon avec de longs cheveux et une tenue débraillée, déjà les deux comparses attirent plus l'attention des autres passants. Enfin, attribuons à nos deux comparses un troisième compagnon qui bégaie et s'exprime à voix forte. Chacune des personnes prise séparément pourrait se promener dans la rue sans trop attirer l'attention des autres passants ou, à la rigueur, ne commander qu'un regard discret. Mais les trois personnes prises comme groupe, attireront sans aucun doute l'attention de tous les passants et les regards seront définitivement plus soupçonneux. L'image suscitée par nos trois baladeurs, selon le corollaire du conservatisme, a un effet "multiplicateur", de sorte que l'ensemble des traits perçus négativement chez l'un et l'autre — une jambe plus courte, une tenue débraillée, une voix forte — est attribué aux trois. On dira peut-être que ce sont des gens du centre psychiatrique ou d'un centre d'accueil voisin, etc.

Il existe un vieil adage latin qui traduit bien l'esprit visé par ce corollaire: "Afflicto afflicto non est addenda" qui signifie «Il ne faut pas affliger davantage ce qui est suffisamment affligé». Au contraire, la valorisation du rôle social stipule que tous les efforts doivent être déployés pour compenser positivement tous les traits et les caractéristiques pouvant être négativement perçus.

La valorisation des rôles sociaux suggère de développer au maximum les compétences personnelles, d'éviter la juxtaposition d'images négatives et de bannir les regroupements de personnes présentant un trop grand nombre d'inaptitudes ou de traits pouvant être interprétés négativement.

Modèle développemental

L'apprentissage en tant que processus d'interaction entre l'homme et son entourage, processus dans lequel ni l'homme ni l'entourage ne sont rigidement déterminés, peut être considéré du point de vue biologique et socio-culturel. Dès sa naissance, l'homme est par nature pauvre en réflexes et en capacités; il doit les affiner durant sa vie. En contrepartie, pour compenser ces déficiences, l'humain est généralement assez flexible pour adapter ses comportements aux nouvelles circonstances survenant tout au cours de sa vie. Sur le plan biologique, le processus d'apprentissage consiste donc à transformer les manifestations vitales de l'homme, d'abord indifférentes et incontrôlées, en des formes de comportements orientés vers une fin, adaptés aux conditions du milieu et en réponse aux besoins du moment (spécification de l'organisme). Considéré sous l'angle socio-culturel, le processus d'apprentissage se présente principalement comme une interaction entre la personne et l'entourage tant pour satisfaire ses besoins que pour acquérir graduellement une meilleure compréhension du monde dans lequel elle vit (Correll, 1969).

Le processus d'apprentissage chez l'humain est long, complexe, graduel et dure toute la vie. Toute sa vie la personne grandit, se développe et passe progressivement par des étapes successives de croissance physique, intellectuelle, sociale, morale, etc.

Des études empiriques portant sur des jeunes enfants, des enfants plus âgés, des adolescents et même des personnes âgées confirment l'hypothèse centrale du modèle de développement qui veut que tous les humains soient capables d'apprentissage (Flynn, Nitsch, 1980). L'incorporation du modèle de développement à l'idéologie de la valorisation du rôle social est cohérente avec les énoncés déjà inscrits et présuppose le droit de la personne à la dignité du risque.

Imitation et apprentissage par modèle

Bien que l'apprentissage par imitation soit universellement reconnu comme un mécanisme puissant de l'apprentissage du développement social de l'enfant, la recherche n'a pas investigué complètement le phénomène. Nous prenons pour acquis que tous les enfants reproduisent spontanément les comportements importants et anodins des adultes, particulièrement ceux manifestés par des personnes significatives. Par exemple, les enfants imitent les sons qu'émet leur mère pour apprendre progressivement le langage et le petit garçon marche les mains derrière le dos pour imiter son père.

Ainsi il y a imitation ou apprentissage par modèle lorsqu'une personne reproduit un comportement qu'elle a observé chez une autre personne. Aucune théorie ne semble pouvoir expliquer tous les exemples d'imitation que nous pouvons rencontrer dans le cours d'une vie. L'imitation, et particulièrement l'imitation des parents, peut être fortement renforçante en soi. En général, les enfants sont fortement récompensés dans la reproduction fidèle de certains comportements humains, de sorte que lorsqu'ils maîtrisent le processus d'imitation, il se développe une généralisation des réponses imitées. Ceci pourrait expliquer, nous dit Correll (1969), «le degré d'uniformité retrouvé au niveau du comportement humain dans la société». L'imitation ou l'apprentissage par modèle influence fortement le développement social de l'enfant. Il est aussi fondamental pour expliquer l'apprentissage d'une certaine conformité en regard des rôles sociaux dans la société.

Comme il s'agit de puissants mécanismes d'apprentissage, la ségrégation et le regroupement de personnes dévalorisées sont des réponses inacceptables pour ceux qui sont à la recherche de rôles riches et stimulants.

Pertinence de l'image sociale

Pour Wolfensberger, l'apprentissage par association d'images inconscientes constitue un autre mécanisme puissant d'influence et de contrôle du comportement humain. Il cite, en exemple, l'effet de la publicité comme moyen important d'influence dans la vente. Nous n'avons qu'à penser au médium qu'est la télévision comme véhicule d'images et d'idées que les vendeurs utilisent pour inciter les consommateurs à acheter leurs produits.

Les personnes présentant une déficience intellectuelle ont toujours été identifiées à des images ou à des symboles représentant des qualités et des valeurs culturelles moindres ou négatives. Bien que ces images soient fréquemment inconscientes, elles influencent de façon importante l'attente dans les rôles et la valorisation sociale des personnes perçues comme déviantes. Ces images sont suscitées par des caractéristiques personnelles, tels l'habillement, les traits physiques ou la façon de s'exprimer ou par le lieu de résidence ou de travail de personnes présentant toutes des caractéristiques similaires qui y sont regroupées. Cette situation offre moins d'opportunités de rencontrer de nouvelles personnes. Alors toutes ces images tendent à confirmer à l'observateur que les personnes observées sont de moindres valeurs (éternel enfant, objet de pitié ou de crainte, etc.), et qu'elles devraient être traitées différemment. Par conséquent, nous réduisons continuellement les attentes à l'égard de la personne présentant une déficience intellectuelle jusqu'au point de la considérer comme non significative pour nous.

La valorisation des rôles sociaux attire l'attention ou fait prendre conscience du caractère humain des services susceptibles de conférer des images négatives à ces personnes et des moyens de rendre plus positives ces images.

Intégration et participation sociales

Le processus d'intégration consiste à fournir à la personne les moyens lui permettant de vivre des expériences sociales propres qui lui permettent d'acquérir l'autonomie, le respect, la dignité, l'exercice du choix ou toutes autres expériences valorisées faisant partie de la qualité de vie d'une personne (Novak, 1980). L'intégration sociale est fréquemment présentée comme une fin en soi alors qu'il s'agit essentiellement d'un moyen nécessaire mais susceptible de contribuer à la valorisation du rôle social de la personne (Vanay, 1987). L'apprentissage social n'est pas seulement un processus d'interaction s'établissant entre celui qui apprend et son environnement. Il est aussi destiné à être mis à l'épreuve en société. Il y a une multiplicité et une diversité des rôles potentiels pouvant servir d'opportunités ou de situations d'apprentissage pour ces personnes dans la communauté. La communauté constitue la toile de fond sur laquelle les divers rôles sociaux doivent être tissés.

La participation sociale ne peut être égale pour tout le monde. Lorsque nous parlons de participation sociale nous devons préciser deux aspects: la nature de l'intégration et le niveau d'intégration atteint par la personne. Toutes les personnes sont intégrées à différents degrés dans des grands secteurs ou champs de l'activité humaine, tels la vie scolaire, professionnelle, communautaire et de loisirs. Dépendamment de chacun des domaines, nous sommes tous très inégalement intégrés. Nous pouvons, par exemple, être complètement intégrés à l'activité de travail et l'être à un moindre degré dans les activités de loisirs. Nous participons, par exemple, à tous les paliers décisionnels de notre service. Par les comités et toutes les formes d'échanges formels et informels, nous sentons que nous faisons partie, à part entière, de l'équipe de travail; toutefois, notre participation à des activités de loisirs peut sérieusement laisser à désirer.

Habituellement, ce genre d'inégalité est un choix personnel que chacun d'entre nous est libre d'exercer. La personne présentant une déficience intellectuelle n'a pas le même choix. Les inégalités sont plus grandes et présentes dans tous les champs de l'activité humaine tels le logement, les activités scolaires et le travail. Rappelons seulement les difficultés des parents à intégrer leur enfant présentant une déficience intellectuelle dans une classe régulière. Comme société nous reconnaissons d'emblée les droits de la personne à l'éducation mais nous pratiquons une discrimination à l'égard de la qualité de cette éducation sans trop s'interroger sur le non-sens de la situation. L'enfant peut aller à l'école mais il est intégré dans une classe spéciale, à l'écart des activités régulières des autres étudiants (pauses, cafétéria, etc.) sous prétexte d'un protectionnisme bien pensant, limitant ainsi sa participation sociale et, du fait même, le droit à la dignité.

À partir des écrits des différents auteurs (Wolfensberger, 1972; Nirje, 1980; Vanay, 1987), le tableau 2.3 résume les différents degrés d'intégration possibles d'une personne dans les différents domaines de l'activité humaine.

Premier degré: l'intégration physique

Réduction de la distance physique entre la personne dévalorisée et la personne valorisée. La personne est simplement intégrée aux autres membres de la communauté sans forcément avoir de contacts ou des activités communes avec eux.

Exemple: une résidence intégrée dans la communauté.

Les personnes dévalorisées et les personnes valorisées pratiqueront ensemble des activités, utiliseront du matériel et des équipements en commun.

Deuxième degré: l'intégration fonctionnelle

Exemple: Dans une classe d'arithmétique de troisième année, l'enfant suit le programme de première année (degré inférieur); si le même enfant suit le même programme d'arithmétique que les élèves de la troisième année régulière, il est du niveau d'intégration fonctionnelle plus avancé (même activité et même niveau). Cependant si l'enfant dessine pendant que les autres font de l'arithmétique, on dira qu'il est intégré physiquement.

Troisième degré: l'intégration sociale

La personne fait partie à part entière de la communauté et du groupe et établit des liens réciproques et spontanés sur une base régulière avec les autres membres. Il y a véritablement un sentiment d'appartenance et de participation à part égale. Elle a une place et assure un rôle qui lui est propre.

TABLEAU 2.3
Synthèse des trois niveaux d'intégration

Dans cette partie du chapitre, nous avons voulu regarder de plus près, et de façon informelle, la cohérence des concepts sous-tendant la valorisation des rôles sociaux.

Dans la partie suivante, nous tenterons, au moyen d'un exercice, d'établir un rapprochement entre la réalité vécue par les personnes présentant une déficience intellectuelle et une personne dite "normale".

△ 2.4 Rehaussement des rôles sociaux des personnes présentant une déficience intellectuelle

Afin de nous faire prendre conscience des rôles quotidiens que nous assumons par rapport à une personne qui vit quotidiennement la dévalorisation, O'Brian et Lyle (1985) suggèrent un petit jeu assez amusant. Chaque personne élabore son propre profil de relations et, ensuite on répète l'exercice pour une personne dévalorisée. L'expérience consiste simplement à dresser une liste des lieux fréquentés durant une journée-type, le soir, la fin de semaine et durant la période de vacances. Dans un deuxième temps, on inscrit les noms des personnes rencontrées dans ces différents milieux, à la maison, dans le voisinage, au bureau, dans les clubs sociaux et sportifs, les restaurants, à l'église, etc. Sont inscrits également les noms des personnes à qui nous avons parlé au téléphone, à qui nous avons écrit récemment et celles à qui il nous arrive de penser durant la journée. Enfin nous notons les différents rôles que nous assumons en fonction de toutes ces personnes inscrites sur notre liste.

Comparons, par exemple, le profil de relations d'une personne valorisée au profil de relations d'une personne dévalorisée. Le tableau 2.4 illustre un peu ce à quoi pourrait ressembler un profil du genre.

DOMAINE DE LA VIE	PERSONNE VALORISÉE			PERSONNE DÉVALORISÉE		
	Lieux/ milieux	Personnes rencontrées	Rôles	Lieux/ milieux	Personnes rencontrées	Rôles
Logement	Maison Appartement	Famille, Époux, épouse Enfants Voisins Amis	Propriétaire Locataire Citoyen Payeur de taxes Époux, épouse	Famille d'accueil Foyer de groupe Appartement	Parents, Parents d'accueil Personnel Autres personnes dévalorisées	Enfant, Malade/ Bénéficiaire Assisté Locataire
Travail/scolaire	Bureau/atelier	Confrère de travail/patron	Travailleur Producteur	Ateliers protégés ou travail protégé	Autres personnes stagiaires dévalorisés Éducateurs	Inutile Inactif Inapte Incapable Inéducable
	École Classe régulière	Professeurs Étudiants	Étudiant Élève	École et/ou Classes spéciales		
Communautaire	Centres d'achat Magasins	Vendeurs Commis, amis	Consommateur	Centres d'achat Épiceries	Vendeurs Commis Éducateur	Assisté Irresponsable Consommateur
Loisirs/ Vacances	Auto Avions	En famille Voisins	Membre d'une famille	Vacances dans la famille, sporadique camp d'été	En famille Autres personnes dévalorisées	Membre exceptionnel de la famille
	Théâtre/cinéma Restaurants	Restaurateurs Époux, épouse Amis	Consommateurs Amis	Restaurants	Petit restaurateur	Consommateur
	Activités sportives					
	Centre de ski Terrain de golf Complexe sportif	Membres	«Sportif»	Aréna, salle de quilles	Personnel d'accompa- ·gnement	
	Visites	Amis, parents	Membre d'une famille, amis	Visite dans la famille, centres médicaux	Visite spora- dique dans la famille Professionnels	Membre exceptionnel de la famille

TABLEAU 2.4

Comparaison des différents rôles assumés par une personne valorisée et une personne dévalorisée.

Lorsque nous comparons les lieux partagés dans la communauté entre ces deux personnes ainsi que les rencontres faites dans le cadre de leurs activités quotidiennes, une première constatation nous vient à l'esprit. Les rôles sociaux assumés par la personne valorisée sont plus nombreux, plus diversifiés, voire plus intéressants et stimulants que ceux de la personne dévalorisée. Certains rôles sont même juxtaposés à d'autres rôles dans le contexte d'une même situation sociale. C'est l'exemple du couple qui fait une sortie au restaurant en compagnie d'amis. Les interrelations plus complexes des rôles d'époux et d'épouse, d'homme et de femme ou entre amis, offrent des occasions de contacts et d'échanges définitivement plus riches et valorisants.

Un examen plus approfondi de la simulation nous permet de constater l'importance du cercle vicieux de la déviance pour les personnes dévalorisées. Les images négatives associées à ces personnes depuis des années continuent à les hanter, une fois qu'elles sont intégrées dans la communauté. En vertu d'une absence prolongée du réseau social régulier, ces personnes sont réduites à assumer un nombre de rôles plus restreints, limités et peu stimulants, voire stéréotypés. Habituellement, dans la vie de tous les jours, nous nous retrouvons assez facilement en compagnie de nos parents et amis et nous avons la chance de faire de nouvelles connaissances ainsi que la possibilité de choisir les professionnels avec qui nous désirons travailler.

Les personnes rencontrées dans le cadre de la vie quotidienne des personnes dévalorisées sont soit des membres du personnel payés pour cette tâche, des personnes bénévoles et d'autres personnes dévalorisées au même titre qu'elles, de sorte qu'elles n'ont pas véritablement l'occasion de sortir des rôles traditionnels d'éternel enfant, de bénéficiaire, d'assisté social, d'inapte et d'irresponsable, etc.

Alors que la personne valorisée n'a pas à subir l'influence du cercle vicieux de la déviance, elle bénéficie d'un doute favorable. Elle n'a pas à se soucier d'une réputation acquise du fait d'appartenir à un groupe qui doit porter le fardeau de ses propres stéréotypes et fréquemment ceux des autres formes d'handicaps. Les personnes "normales" sont acceptées de manière plus réaliste en raison de leur vraie valeur. Si la personne participe aux activités religieuses de sa paroisse, c'est un paroissien; si elle est propriétaire, c'est un payeur de taxe ou un consommateur, etc.

Nous devrions généralement retrouver des ressemblances entre certains rôles sociaux assumés par les personnes "normales" et les personnes dévalorisées. Par exemple, les deux personnes peuvent être locataires, consommateurs ou travailleurs. Cependant la valeur attribuée à un rôle commun assumé par l'une ou par l'autre personne peut être aussi de qualité très inégale. Le rôle de locataire pour le citoyen ordinaire qui travaille dans un atelier à salaire régulier peut être considéré comme supérieur au statut de locataire de la personne ayant une déficience intellectuelle qui doit compléter ses fins de mois au moyen de l'aide financière fournie par l'assistance sociale. Parfois dans des rôles apparemment similaires, nous retrouvons des inégalités évidentes. Les personnes ayant une déficience intellectuelle sont toujours responsables d'établir le fardeau de la preuve de leur égalité.

Jusqu'à maintenant, les services se sont adressés à des personnes ayant des incapacités spécifiques comme la déficience intellectuelle, les incapacités physiques ou mentales. Maintenant la distribution des services est en fonction des besoins de la personne, indépendamment des problèmes spécifiques que la personne rencontre. Une bonne analyse des besoins de la personne devrait s'orienter sur la recherche dans la communauté de rôles valorisés lui offrant les meilleures situations d'apprentissage qui lui permettraient d'exprimer ses forces et d'éliminer les perceptions négatives persistantes. Le plan de services individualisé est un instrument de planification fait sur mesure, pour chaque personne, visant à répondre à ses besoins. Il se fonde sur les principes de valorisation du rôle social de la personne et sur celui de la normalisation des ressources et des services. De plus, il présente une certaine garantie d'une meilleure qualité de vie.

△ *En résumé*

Au fur et à mesure que le concept de normalisation se précise et que son utilisation devient de plus en plus populaire, on s'aperçoit rapidement de la nécessité de modifier ce vocable. Wolfensberger propose la notion de "valorisation des rôles sociaux", communiquant alors des objectifs plus justes quant à l'idéologie sous-jacente à ce principe.

Un certain nombre de concepts ou de notions fondamentales ont influencé la conception du principe de la valorisation des rôles sociaux: l'inconscience, l'attribution de rôles, le conservatisme, le modèle développemental, l'apprentissage par imitation de modèles, l'influence de l'image sociale et la participation sociale.

La valorisation des rôles sociaux a aussi comme objectifs la réduction ou la prévention des stigmates et la modification des attitudes. Le résultat attendu devrait alors se vérifier par la valorisation de l'image sociale de la personne et l'augmentation de la compétence de celle-ci, inversant ainsi le cercle vicieux où l'on oriente la personne dans une carrière "en déviance".

Pour valoriser l'image sociale de la personne, quatre médias influents sont spécifiquement identifiés: les milieux physiques, les rapports et les regroupements, les activités (emploi du temps), le langage et les symboles. Par ailleurs, on retient trois grands médias visant le rehaussement de la compétence de la personne: les milieux physiques, les rapports et les regroupements ainsi que les activités (emploi du temps).

Les principes de valorisation des rôles sociaux de la personne et celui de la normalisation des services fondent le plan de services qui vise à répondre aux besoins spécifiques de la personne.

PRINCIPALES RÉFÉRENCES

BANK-MIKKELSEN N.E. (1980). Denmark in Flynn, R.J. et Nitsch, K.E., (eds.) *Normalization Social Integration and Community Services*, Baltimore: University Park Press.

CORREL, W. (1969). Psychologie de l'apprentissage, Sherbrooke: Éditions Paulines.

FLYNN, R.J., Nitsch, K.E. (eds) (1980). *Normalization Social Integration and Community Services*, Baltimore: University Park Press.

LUNDBERG, G.A., C.C. Schrag, O.N. Larsen et W.R. Catton (1968). *Sociology*, (4e éd.) New York: Harper and Row, éditeurs.

NIRJE, B. (1980). The Normalization Principle dans Flynn R.J. et Nitsch, K.E. (eds.). *Normalization Social Integration and Community Services*, Baltimore: University Park Press.

NOVAK, A.R., L.W. (1980). *Integration of Developmentally Disabled Individuals into the Community*, Baltimore: Paul H. Brookes Publishers.

O'BRIAN, J. et C. Lyle (1986). Framework for Accomplishment, cité dans *Trillium Quality Assurance Project*, St. Marys, Ontario.

O'BRIAN, John (1980). The Principle of Normalization. A Foundation for Effective Services, dans Gardner James F. et al., (eds.). *Program Issues in Developmental Disabilities. A Resource Manual for Surveyors and Reviewers*. Baltimore: Paul H. Brookes Publishers.

Rush, F.R., et D.E. Mithaug (1985). Competitive Employment Education, dans Charlie Lawin et Robert H. Bruininks (eds.). *Strategies for Achieving Community Intregation of Developmentally Disabled Citizens*. Baltimore: Paul H. Brookes Publishers.

VANAY, L. (1987). L'intégration et ses niveaux: un moyen favorisant la valorisation des rôles sociaux. *Reflets*, Genève: Office de coordination et d'information pour personnes handicapées.

WARREN, F. (1987). Social Role Valorization: An Enabling Principle, dans *News and Notes, A Quarterly Newslater of the American Association on Mental Retardation, View Point*, vol. 1, n° 2.

WOLFENSBERGER, W. (1980). A Brief Overview of the Principle of Normalization, dans Flynn R.J., Nitsch, K.E. (eds.), *Normalization, Social Integration and Community Services*, Baltimore: University Park Press.

WOLFENSBERGER, W. (1972). *Normalization the Principle of Normalizaion in Human Services*, Toronto: National Institute on Mental Retardation.

WOLFENSBERGER, W. et S. Thomas (1983). *Passing: Program Analysis of Services System's Implementation of Normalization Goals: A Method of Evaluating the Quality of Human Services According to the Principle of Normalization*, Downsview: Canadian National Institute on Mental Retardation.

WOLFENSBERGER, W. et S. Tullman (1982). A Brief Outline of the Principle of Normalization, *Rehabilitation Psychology*, vol. 27, n° 3.

LE
PLAN
DE SERVICES
INDIVIDUALISÉ

PARTICIPATION ET ANIMATION

PRATIQUES EN DÉFICIENCE INTELLECTUELLE

CHAPITRE 3

Des services planifiés

*par **Serge Despins***

---

*Traitez les gens comme s'ils étaient ce qu'ils devraient
être et vous les aiderez à devenir ce qu'ils peuvent être.*

GOETHE

L e plan de services est essentiellement un moyen de planification et de coordination des services, fort utile à la réalisation de l'autonomie et de l'intégration sociale d'une personne requérant de multiples services. Ces services peuvent être de nature sanitaire, éducative, psycho-sociale, psychologique et socio-professionnelle.

Les services pourront aussi être destinés à fournir une assistance au plan résidentiel, de l'adaptation ou de la réadaptation, de loisir ou, tout simplement, à soutenir la famille. Le plan de services cherche à mettre en évidence la nécessité de considérer la personne au centre de cet univers et à lui offrir des services complémentaires en relation directe avec ses besoins.

Plusieurs principes sous-tendent le plan de services. Parmi les plus importants, on retrouve ceux qui ont trait à la personne elle-même:

1. que la personne réalise son autonomie dans des milieux de vie similaires aux personnes de son âge et de son sexe;

2. que la personne s'intègre en exerçant des rôles sociaux valorisés selon ses capacités au sein de la communauté;

3. que la personne en besoin de services ou, selon la situation, à défaut ses parents ou son représentant, soient les maîtres d'oeuvre du plan de services.

△ 3.1 Processus d'élaboration d'un plan de services

Selon le modèle développé par l'Office des personnes handicapées du Québec, cinq étapes marquent la réalisation d'un plan de services: 1) la référence, 2) l'évaluation fonctionnelle globale, 3) l'élaboration du plan de services, 4) l'actualisation du plan de services via les plans d'intervention, 5) la coordination et le suivi du plan de services. La figure 3.1 illustre toutes ces étapes et montre les relations fonctionnelles qui les unissent.

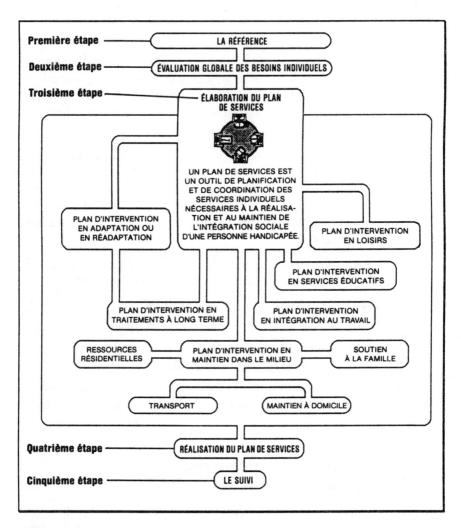

Figure 3.1
Étapes de réalisation du plan de services.

Référence

Lorsqu'une personne est en besoin de services, elle s'adresse habituellement à un praticien[1] du centre local de services communautaires de son milieu. Elle s'adresse aussi parfois aux praticiens de d'autres établissements tels le centre des services sociaux ou le centre d'accueil de réadaptation, qui les informent du processus d'admission ou d'inscription en vigueur. Dans le cas de jeunes enfants, les parents font souvent appel à l'expertise des responsables de garderie ou encore du professeur à l'école.

Dans certaines régions du Québec, l'admission et l'inscription à des services sont régies par un mécanisme de référence unique, régional ou sous-régional, mis sur pied à la suite d'entente entre les différents établissements des secteurs de la santé et des services sociaux.

À cette étape, il est important d'évaluer rapidement et d'intervenir avec diligence si cela s'avère nécessaire. L'évaluation sera sommaire et comprendra un premier portrait; l'énoncé des caractéristiques de la personne, de ses goûts, de ses aspirations et de ses besoins, une description de ses différents milieux de vie et de ce qui compose son environnement (famille, école, travail, loisirs). L'on identifiera un responsable de la constitution d'un plan de services individualisé et on fixera un temps pour la convocation de l'équipe.

L'étape de la référence se termine par la nomination d'un praticien qui assumera la responsabilité d'élaborer un ordre du jour et de convoquer l'équipe du plan de services.

Idéalement, la personne adulte ou son représentant agit comme maître d'oeuvre du plan de services. Si le plan de services est destiné à un enfant, ses parents sont souvent les mieux placés pour agir comme coordonnateurs de la réalisation du plan de leur enfant.

Au Québec, en l'absence de mécanismes de concertation inter-établissements, la personne peut demander l'intervention d'un représentant de l'Office des personnes handicapées du Québec qui veillera à organiser une telle rencontre ou à mettre sur pied les ressources jusque là inexistantes.

---

1   Il s'agit ici d'un intervenant professionnel d'un établissement public.

Évaluation fonctionnelle globale

Il est important qu'un bilan précise clairement les forces et besoins de la personne à la suite d'une évaluation fonctionnelle globale. La cueillette des données est réalisée de manière systématique auprès de la personne, de sa famille s'il y a lieu, des praticiens et des bénévoles oeuvrant auprès de la personne. L'évaluation comprendra, entre autre, les rapports d'évaluation des praticiens, les observations de la famille et des bénévoles. Le coordonnateur du plan de services peut demander toute autre évaluation jugée pertinente à l'élaboration du plan de services.

Plusieurs objectifs spécifiques sont recherchés lors de la préparation du plan de services. Parmi les plus importants, mentionnons les objectifs suivants:

- **Présenter la personne de manière générale:**
  — souligner les aspects historiques importants des services reçus;
  — comprendre l'environnement social actuel de la personne.

- **Dresser les noms des personnes significatives pour la réunion du plan de services.**

- **Montrer l'évolution générale de la personne en insistant sur les faits significatifs et les changements majeurs survenus depuis la dernière évaluation.**

- **Partager les renseignements sur l'atteinte des objectifs du dernier plan de services:**
  — identifier les forces de la personne;
  — faire ressortir les goûts, les aspirations et les besoins actuels de la personne.

L'identification des membres potentiels de l'équipe transdisciplinaire et des personnes significatives pouvant fournir des renseignements utiles sur la personne est un des rôles importants du coordonnateur. Chacune de ces personnes devrait être rencontrée individuellement. Ce serait là une excellente occasion pour les parents, amis ou autres personnes significatives, d'être sensibilisés à l'importance d'un plan de services et de parler de la prochaine réunion.

Lors de ces rencontres, le responsable du plan de services, couramment appelé coordonnateur, prend en note, sur un bordereau de préparation, des résultats d'évaluation, des commentaires des membres et des besoins identifiés.

Le coordonnateur peut aussi aider à l'animation du plan de services en transmettant à l'animateur tous les renseignements sur le climat d'entraide qui règne et sur la préparation des participants. Le coordonnateur pourrait, s'il le juge opportun, suggérer de reporter la réunion du plan de services si la préparation lui semble inadéquate et qu'elle menace ainsi la qualité de la future planification.

La personne ayant une déficience intellectuelle qui demande l'élaboration d'un plan de services doit aussi se préparer. La personne, si possible, doit comprendre les événements qui la touche, les choix qu'elle peut exercer et comment elle peut manifester son désaccord si elle n'est pas satisfaite des propositions des autres membres de l'équipe. Cette aide fournie à la personne doit non seulement être assurée par l'intervenant responsable de l'élaboration du plan de services mais aussi par tous les autres praticiens.

La préparation doit tenir compte cependant de l'autonomie de la personne. Certaines expériences développées par des centres d'accueil de réadaptation montrent que les documents audio-visuels et les jeux de rôles sont de bons moyens d'illustrer à la personne déficiente intellectuelle le déroulement standard d'une réunion du plan de services.

Élaboration du plan de services

L'équipe du plan de services, incluant bien sûr la personne, formée de la famille ou de son représentant et des praticiens concernés, est responsable d'élaborer un plan de services. Un membre de l'équipe assume l'animation de la réunion et veille à son bon déroulement.

Lors de cette réunion, les membres partagent leurs observations et leurs informations à propos de la personne et tentent de mieux identifier ses besoins. À partir d'une liste de besoins identifiés, l'équipe établit des objectifs de service, des priorités, partage les responsabilités en regard de l'application des plans d'intervention et dresse un échéancier précis des actions à accomplir. Elle identifie aussi les ressources nécessaires à la réalisation des activités.

L'équipe nomme à chacune de ses réunions, un coordonnateur du plan de services qui a la responsabilité de s'assurer de sa réalisation et de sa révision. Il est préférable que la personne elle-même assume ce rôle, ou à défaut son représentant ou encore un membre de sa famille. L'aide d'un professionnel peut aussi s'avérer fort utile, du moins lors des premiers plans de services.

Le projet du plan de services est un processus habituellement annuel qui permet une vision à long terme des besoins de la personne. Toute l'énergie que demandent la préparation et la réponse aux besoins justifie l'annualité de ces rencontres.

Élaboration des plans d'intervention

Les praticiens qui participent à une réunion du plan de services repartent avec ce que l'on appelle, en jargon du métier, des devoirs à accomplir. Dans le réseau des services de santé et des services sociaux, et même dans le réseau de l'éducation, ces devoirs consistent en l'élaboration de plans d'intervention devant être révisés à la fin d'une période n'excédant pas 90 jours[2]. Les plans d'intervention expriment habituellement la programmation des activités d'apprentissage visant l'acquisition de comportements ou d'habiletés souhaités.

Lorsqu'un objectif identifié au plan de services doit être atteint par la mise en oeuvre de plusieurs activités, il devient important que les intervenants prennent soin d'ajuster leurs projets. Ils peuvent y parvenir dans le cadre d'un même plan d'intervention à volets multiples ou par l'élaboration de plusieurs plans d'intervention complémentaires dispensés par plus d'un établissement.

---

2   Cette période maximale de 90 jours est une prescription légale inscrite dans la Loi sur les Services de santé et les Services sociaux, règlement 6, article 42.

Coordination et suivi du plan de services

La coordination du plan de services consiste d'abord à s'assurer de l'atteinte des objectifs inscrits au plan de services en encourageant la mise en oeuvre des plans d'intervention. Le coordonnateur ne joue donc pas un rôle coercitif qui n'aurait pour effet que de susciter la méfiance, voire l'hostilité, chez les praticiens. Il est plutôt un facilitateur qui a une vision globale des besoins de la personne. Ce rôle se concrétise notamment en:

- assurant une cohérence des interventions et des plans d'intervention de la personne;

- évitant les dédoublements ou les carences de services;

- informant la personne sur ses droits et l'aider à les défendre au besoin;

- demeurant en relation avec la personne pour une meilleure compréhension de son plan de services;

- accomplissant les tâches relatives à la préparation du plan de services individualisé;

- ajustant la programmation et, s'il le faut, convocant de nouveau une réunion sur un ou des aspects du dernier plan de services.

La coordination n'est pas une fonction simple ni facile à assumer. Elle exige à la fois de la diplomatie, de l'esprit d'initiative et de la fermeté dans l'application des décisions.

Après trois mois, en conformité avec les dispositions de la loi, un bilan est réalisé à partir des révisions des plans d'intervention de chacun des responsables de leur prestation. Évidemment le délai peut varier selon les équipes et les moyens disponibles. Pour assurer ce suivi, il est primordial d'accorder une place importante à la coordination des plans d'intervention. Il faut se rappeler que l'on vise une réponse personnalisée et cohérente aux besoins d'une personne.

Comme le montre la figure 3.2, le plan de services demande un partage des pouvoirs et des responsabilités dès le premier moment de la demande de services. Le plan de services individualisé est centré sur le consommateur de services par une coordination des dispensateurs de services.

△ *3.2 La philosophie et les valeurs qui fondent le plan de services*

On a souvent décrié par le passé le peu de place faite à la personne ou à sa famille en regard de leur participation au choix et à l'identification des priorités de services. Contrairement, l'approche qui utilise le plan de services s'inscrit dans un mouvement qui veut redonner aux consommateurs de services un pouvoir de décision et qui veut recentrer les services sur les personnes et non plus sur les institutions. Par là, on désire humaniser les services.

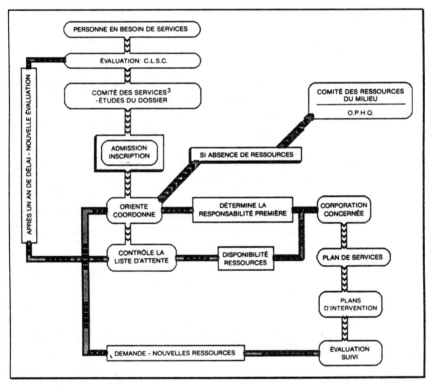

FIGURE 3.2
Cheminement d'une demande de services.

---

3   Le comité de service pourrait, par exemple, être composé de représentants du Centre des services sociaux, du Centre de réadaptation, du Centre local des services communautaires, d'associations de parents ou de bénéficiaires de l'association.

Le plan de service est un état d'esprit qui traduit une volonté de donner priorité aux besoins de la personne. Cela fait appel à une transformation des mentalités et aux façons d'intervenir et d'interagir dans un réseau de services où l'on avait peu l'habitude de partager le pouvoir.

Le processus du plan de services est aussi un processus par lequel les intervenants négocient en partenaires "égaux": la personne en besoin de services, sa famille, son parrain ou son représentant ainsi que les différents intervenants engagés dans la prestation de services. Ensemble, toutes ces personnes composent l'équipe qui s'implique dans la planification, la réalisation et la coordination du plan de services.

Les paradigmes

La participation des personnes et de leur famille, selon les besoins de la personne, vise à assurer des services plus adaptés à sa situation. Le projet de plan de services fait appel à certains paradigmes qui guident les choix inévitables. Parmi les plus importants, mentionnons:

— le principe de valorisation des rôles sociaux de la personne;

— le développement continuel de la personne déficiente intellectuelle;

— la présomption de la compétence de la personne en tant qu'être humain;

— la reconnaissance de la personne comme membre de l'équipe chargée d'élaborer le plan de services;

— l'efficacité de l'oeuvre et des décisions collectivement partagées;

— l'efficacité des évaluations fonctionnelles cherchant à faire ressortir les forces et les besoins de la personne;

— l'expression positive et compréhensible des objectifs à atteindre;

— le partage des responsabilités et des pouvoirs entre les membres de l'équipe et;

— la prévision des mécanismes de suivi nécessaires.

△ 3.3 Le plan de services et le plan d'intervention

Selon l'Office des personnes handicapées du Québec (1985), «le plan de services peut se décomposer en plans d'intervention dans chacun des domaines où la personne peut avoir besoin de services liés à sa déficience, à ses limitations fonctionnelles et aux handicaps auxquels elle fait face.» (p. 40)

Le plan de services et le plan d'intervention individualisés sont donc des moyens différents d'un même processus cohérent et continu de programmation et d'intervention.

Le plan de services vise l'autonomie et l'intégration sociale de la personne ainsi que la planification et la coordination de services multiples centrées sur ses besoins. Il requiert le regroupement des principaux intervenants sous forme d'équipe.

Le ministère de la Santé et des Services sociaux du Québec exige de plus en plus l'utilisation du plan de services pour certains groupes de personnes où l'action de plusieurs intervenants est requise. D'une part, pour les personnes déficientes intellectuelles, le ministère a rendu obligatoire le plan de services dans tous les cas de personnes réintégrées à la société. D'autre part, les Conseils régionaux de la santé et des services sociaux ont l'obligation de rendre efficace le plan de services dans un mécanisme d'accès aux services.

Le plan d'intervention

Au sens de la Loi, le plan d'intervention comprend l'identification des besoins du bénéficiaire, les objectifs à poursuivre, les moyens à utiliser, la durée prévisible des services ainsi qu'une mention de sa révision aux 90 jours comme nous l'avions déjà mentionné auparavant.

Les objectifs d'un plan d'intervention visent:

— l'utilisation d'un outil systématique de planification et de gestion des objectifs individualisés dans un établissement;

— à s'assurer, périodiquement aux 90 jours, de la pertinence des objectifs et du résultat atteint;

— à permettre une réponse individualisée aux besoins d'une personne.

Le plan d'intervention met en action des programmes d'apprentissage visant l'acquisition de connaissances ou d'habiletés spécifiques: les programmes spécifiques, les ressources, le personnel spécialisé, les techniques d'apprentissage, la supervision professionnelle, les fiches ou formulaires (méthodes spécifiques) pour chacun des objectifs à atteindre.

Mais ces plans ne sont rien sans une procédure systématique qui permet d'accéder aux services et présenter l'information nécessaire à la prise de décision. C'est pourquoi le guide d'action sur l'intégration des personnes déficientes intellectuelles du ministère de la Santé et des Services sociaux du Québec, indique très clairement que les Conseils régionaux de la santé et des services sociaux ont à réaliser un plan d'organisation des services qui prévoit les modalités d'accès aux services (réf.: mécanismes d'accès).

Pour ce ministère, le mécanisme d'accès comprend deux aspects liés à l'intervention. D'une part, on retrouve l'évaluation des besoins et l'élaboration du plan de services et, d'autre part, l'insistance est mise sur l'identification des intervenants chargés d'actualiser le plan de services.

Prérequis

Pour que les plans de services soient implantés, il faut préalablement que les dirigeants des divers paliers des organisations manifestent une volonté ferme d'utiliser un tel moyen dans le but de permettre une démarche crédible, sérieuse et continue. Cette volonté doit aussi être manifeste dans les établissements du réseau de services en se traduisant par des programmes d'apprentissage continus et souples. Il devient important que ces organisations se dotent d'un encadrement professionnel stable disponible à leurs praticiens.

Plusieurs conditions fondamentales doivent aussi faire l'objet d'un consensus entre les partenaires du réseau. Pour ne souligner que les plus importantes, mentionnons:

— l'adoption d'une philosophie d'intervention fondée sur la valorisation du rôle social;

— la mise sur pied d'une équipe opérationnelle;

— la présence de la personne et/ou de sa famille lors de la réunion du plan de services;

— l'élaboration d'un plan de services écrit (protocole d'entente);

— la nomination d'un coordonnateur pour assurer le suivi du plan.

Toutefois, le plan de services n'est pas la réponse à une équipe désorganisée et ne sera jamais, ni plus ni mieux, que les intervenants eux-mêmes.

 ## 3.4 Quelques propositions de partage de responsabilités dans un réseau de services

Nous pourrions concevoir plusieurs autres façons d'encadrer la réalisation du plan de services individualisé tout en respectant les principes de base énumérés ci-haut et en obtenant des résultats efficaces.

La présentation de trois modèles montre jusqu'à quel point des variantes peuvent être apportées au modèle de fonctionnement original. Chacun d'eux facilite, à des degrés différents, le succès et l'atteinte des grands objectifs du plan de services. Ils se distinguent notamment l'un de l'autre par le responsable chargé d'exercer la coordination des opérations.

Leadership d'un seul établissement

Dans ce premier modèle, plusieurs avantages sont déjà perceptibles. D'abord, la participation de la personne, et de ses parents s'il y a lieu, permet de faire valoir plus facilement ses droits auprès des autres membres de l'équipe. Elle permet aussi dans certaines autres circonstances d'enrichir le contenu de l'évaluation des besoins.

Un autre avantage réside dans le fait que l'établissement procède à sa planification des ressources à partir de l'analyse de l'ensemble des plans de services. Les administrateurs privilégient donc une planification de leurs interventions en fonction des besoins de leurs clients, ce qui a pour effet de justifier l'affectation des ressources existantes ou la création de nouvelles ressources.

Enfin, le partage d'informations positives à propos de la personne permet de sensibiliser encore plus les intervenants à la réalité et au développement de la personne.

En contrepartie, l'absence des autres établissements ne permet pas d'espérer une aide importante dans la démarche d'intégration de la personne. De plus, ce modèle montre l'importance encore trop grande du pouvoir décisionnel des intervenants professionnels en regard de la création ou du maintien des plans de services. Il met trop en relief la responsabilité de l'établissement dont la mission principale est d'assurer des services à la personne, alors que cette responsabilité devrait être partagée avec les autres établissements et organismes communautaires.

Leader

Un établissement ou un groupe concerné par une clientèle sociale.

Objectif

Élaborer des plans de services pour les personnes de l'établissement.

Initiative

Décision de l'administration quant à l'élaboration des plans de services.

Actions

— Déterminer la forme d'encadrement, les outils, l'animation et la participation au plan de services.

— Informer, former le personnel ou les intervenants de l'établissement aux principes fondamentaux d'intervention et aux modalités d'élaboration des plans de services.

— Consulter et inviter les autres intervenants extérieurs au plan de services.

— S'assurer de la présence de la personne et de ses proches lors des réunions du plan de services.

TABLEAU 3.1
**Modèle d'encadrement du plan de services fondé
sur le leadership d'un établissement.**

Leadership de concertation inter-établissements

Dans cette deuxième proposition de modèle de fonctionnement, plusieurs établissements d'un même réseau conviennent d'offrir des services qu'ils veulent les plus complémentaires possible. Ils partagent ainsi une même clientèle sociale à laquelle ils offrent leurs propres services dans des lieux différents, relevant individuellement de chaque établissement. L'affectation des ressources destinées à la réalisation des plans de services par l'actualisation de plans d'intervention se concrétise selon les priorités de services établies dans les plans de services eux-mêmes.

Leaders

Plusieurs établissements ou un groupe concerné par une clientèle sociale.

Objectif

Élaborer des plans de services pour une clientèle sociale donnée regroupant différentes ressources administrées par des établissements différents.

Initiative

Décision de l'administration de l'établissement de faire des plans de services en impliquant formellement les autres organismes, y compris les parents et la personne.

Actions

— Regrouper les établissements pour partager les responsabilités envers la clientèle et définir un mode d'action commun.
— Convenir d'un protocole d'entente inter-établissements.[4]
— Déterminer la forme d'encadrement et le suivi du projet.
— Définir ensemble les outils et le matériel commun nécessaire à tous, telles l'animation, la coordination.
— Informer et former conjointement les intervenants des différents établissements aux valeurs du plan de services.
— S'assurer de la présence des personnes et de leurs proches à la réunion du plan de services.

TABLEAU 3.2
Modèle d'encadrement du plan de services fondé
sur une concertation de plusieurs établissements.

---

4   Le protocole d'entente comprend notamment la création d'un comité de coordination des services et celle d'un comité de coordination des ressources à la personne déficiente intellectuelle.

L'analyse de ce deuxième modèle d'encadrement du plan de services montre d'abord un engagement formel de la part des différents établissements participants. La formation commune des intervenants est un deuxième avantage puisqu'elle facilite un meilleur partage des valeurs et des objectifs inhérents au plan de services. Ces deux avantages, associés à une mise sur pied d'une coordination accrue de la préparation et du suivi du plan de services expliquent la préférence de plusieurs établissements pour ce modèle d'encadrement.

Toutefois, l'inconvénient, la limite principale de ce modèle de fonctionnement, réside dans la plus longue période de temps exigée pour coordonner les services et assurer la formation des praticiens.

Le modèle de fonctionnement du plan de services, fondé sur un partage des pouvoirs des établissements et des intervenants, permet une meilleure répartition des tâches dans l'intervention auprès de la personne. Ceci entraîne à son tour une économie de temps dont la personne bénéficie tout au long de l'actualisation de son plan de services. Dans ce modèle, il apparaît plus facile de créer de nouvelles

---

Leadership

Un ou des établissements ou organismes concernés par une clientèle donnée sur un territoire déterminé.

Objectif

Mettre sur pied un système global inter-établissements pour gérer et coordonner les inscriptions, les plans de services et les ressources dans une région.

Initiative

Les administrateurs, en collégialité, manifestent leur volonté d'avoir un mécanisme intégré d'accès aux services et de gestion des plans de services.

Actions

— Regrouper les établissements pour partager les responsabilités.
— Élaborer un protocole d'entente signé par les différentes directions d'établissements.
— Former les différents intervenants selon la nouvelle orientation des services des établissements.

TABLEAU 3.3
Modèle d'encadrement du plan de services fondé sur un partage de pouvoirs des établissements et des intervenants.

ressources inexistantes ou d'accéder à des ressources jusqu'alors inaccessibles. Il faut toutefois prendre garde à la lourdeur de fonctionnement d'un tel encadrement qui sollicite la participation de nombreux établissements.

Les trois modèles présentés se veulent dynamiques et peuvent être plus ou moins adaptés aux besoins de chaque région et aux moyens dont elles disposent pour leur maintien.

D'autres modèles plus avant-gardistes pourraient être envisagés et pourraient mettre en évidence le rôle prépondérant de la personne à titre de consommateur. On pourrait penser alors à un système où les plans de services seraient gérés complètement par un organisme neutre, hors de la juridiction des établissements. Cet organisme emploierait des intervenants préoccupés d'apporter une réponse adéquate aux besoins des personnes et travaillant de concert avec les établissements. Les clients pourraient même acheter des services à des organisations privées si le réseau d'établissements public ne suffisait pas à la demande. Ce serait alors l'avènement du *courtage de services.*

△ 3.5 *L'efficacité et l'universalité du plan de services*

Le plan de services est né du besoin de personnaliser les services et de les coordonner. On désirait trouver un moyen d'offrir à la personne des services humains et intégrés.

Posons alors la question d'universalité. Toutes les personnes déficientes intellectuelles bénéficiaires de services devraient-elles avoir un plan de services?

Évidemment, non. Si une personne reçoit les services d'un même établissement, un plan d'intervention peut satisfaire à ses besoins. Une bonne coordination interne des programmes, avec ou sans réunion des praticiens, peut être adéquate.

À partir du moment où il y a des intervenants de plusieurs établissements ou d'organismes communautaires, le plan de services augmente l'efficacité des interventions.

Lorsqu'une personne reçoit des services depuis plusieurs années et que ces services sont toujours pertinents, on pourra espacer les plans de services. Ainsi, au lieu de tenir une rencontre annuelle, l'équipe pourrait se réunir tous les 18 ou 24 mois sans pour autant pénaliser la personne.

Les enfants ayant une déficience intellectuelle ou un retard significatif de développement exigent souvent le recours à plusieurs ressources. Le plan de services est alors requis très tôt, d'une façon continue et intensive, souvent jusqu'à sa maturité.

 ## *3.6 En résumé*

Le plan de services est un moyen de planification des services et de coordination des ressources visant l'autonomie et l'intégration sociale la plus complète possible de la personne. Cinq étapes marquent la réalisation du plan de services: 1) la référence, 2) l'évaluation fonctionnelle globale, 3) l'élaboration du plan de services, 4) l'actualisation du plan de services via les plans d'intervention, 5) la coordination et le suivi du plan de services.

Le plan de services est aussi un état d'esprit qui traduit une volonté de donner priorité à la personne et d'intervenir auprès d'elle par l'utilisation des réseaux sociaux les plus naturels et normalisants possible. Les praticiens agissent dans le respect de la dignité de la personne qu'ils considèrent en continuel développement.

Le plan d'intervention comprend l'identification des besoins de la personne bénéficiaire, les objectifs à poursuivre, les moyens à utiliser, la durée prévisible des services ainsi qu'une mention de sa révision aux 90 jours. Les objectifs d'un plan d'intervention visent 1) l'utilisation d'un outil systématique de planification et de gestion des objectifs individualisés dans un établissement, 2) à s'assurer périodiquement, aux 90 jours, de la pertinence des objectifs et du résultat atteint et, 3) à permettre une réponse individualisée aux besoins d'une personne.

Plusieurs modèles de fonctionnement du plan de services peuvent être utilisés selon les caractéristiques et les disponibilités en ressources de chaque région administrative. Toutefois le plan de services doit rester un moyen souple, utile pour 1) favoriser l'accès à de multiples services reçus de manière concomitante, 2) augmenter l'efficacité de la planification des services et la coordination des ressources et 3) améliorer la planification des services offerts par de multiples établissements.

PRINCIPALES RÉFÉRENCES

Association des centres d'accueil du Québec (1988). *Plan de services et plan d'intervention.* Fiche technique RH-05. Montréal.

Gouvernement du Québec (1971). *Loi sur les services de Santé et les services sociaux.* Révision de 1979, Québec: Éditeur officiel.

KOVACS, M. *et al.* (1986). *Planification fonctionnelle. Partie 1: processus.* Montréal: Institut Québécois de la déficience mentale.

MINISTÈRE DE LA SANTÉ ET DES SERVICES SOCIAUX (1988). *L'intégration des personnes présentant une déficience intellectuelle: orientations et guide d'action.* Québec: Gouvernement du Québec.

OFFICE DES PERSONNES HANDICAPÉES DU QUÉBEC (1985). *À part... égale: sans discriminuation ni privilège.* Québec: Éditeur officiel.

LE
PLAN
DE SERVICES
INDIVIDUALISÉ

PARTICIPATION ET ANIMATION

PRATIQUES EN DÉFICIENCE INTELLECTUELLE

CHAPITRE 4

Évaluer les forces et les besoins de la personne

par **Monique Rondeau** et **Sarto Roy**

L'évaluation se place dans la vie comme un ticket d'entrée, et non pas comme un gourdin pour récalcitrants.

ROGERS

La détermination des besoins de la personne constitue sans aucun doute la pierre angulaire du processus du plan de services. En effet, comment le plan de services peut-il remplir ses fonctions de planification et de coordination de services si, au départ, les besoins de la personne ont été mal ou trop peu définis?

△ 4.1 Les biais dans l'identification des besoins

L'identification des besoins peut, de fait, être influencée par différents facteurs. D'abord, il y a les valeurs culturelles sur lesquelles se tisse notre vie quotidienne. Par exemple, il est probable qu'en 1960 nous ayions identifié la vie en institution comme besoin de milieu de vie pour la plupart des personnes ayant une déficience. Nous reconnaissons maintenant plus facilement à ces personnes le besoin de vivre de manière socialement intégrée et d'être stimulées par des activités impliquant aussi des personnes non-handicapées.

Nos perceptions des personnes vivant avec une déficience intellectuelle, nos préjugés et nos croyances à leur égard sont aussi des facteurs importants qui influencent la perception des besoins. Voyons-nous ces personnes comme d'éternels enfants à aimer et à protéger, comme des êtres susceptibles de devenir agressifs en vieillissant ou comme des personnes pouvant apprendre si on leur en donne l'occasion? Tout ceci a inévitablement des répercussions. En effet, l'histoire nous a enseigné que la perception que nous nous faisons d'un groupe de personnes oriente la définition de leurs besoins et, par conséquent, détermine les services eux-mêmes.

De plus, notre formation (ou déformation) professionnelle nous amène à identifier les besoins de la personne, de façon sectorisée ou fragmentaire, en investissant à outrance dans quelques secteurs de vie au détriment des autres secteurs.

Finalement, les relations étroites qui unissent certains praticiens aux établissements ont aussi un impact puisqu'ils ont souvent tendance à définir les besoins des personnes à partir de la disponibilité des services offerts par les établissements reléguant au second plan, voire oubliant, les besoins pour lesquels ils ne disposent pas de ressources.

Conscients de ces obstacles, nous pourrions envisager quelques façons de les surmonter. Mentionnons, à titre d'exemple, la participation de personnes d'expérience et de formation différentes pour enrichir l'évaluation de la personne et faciliter l'identification de ses besoins. Par ailleurs, l'utilisation de grilles ou d'outils d'évaluation qui englobent plus largement la réalité de la personne, peut aussi aider à minimiser l'impact des courtes vues centrées sur des dimensions de vie limitées.

Le modèle du processus de l'Office des personnes handicapées du Québec relatif à l'élaboration du plan de services identifie les principales étapes d'une démarche optimale. On y voit que «l'évaluation globale de la personne» est la première étape de cette démarche qui se poursuit par l'identification des besoins de la personne et qui permet, ultimement, la détermination des objectifs à atteindre. Cette évaluation peut exiger la collaboration des praticiens de plusieurs établissements afin de recueillir les données englobant le plus grand nombre possible d'aspects de la vie de la personne.

△ 4.2 L'évaluation des forces et besoins

L'évaluation de la personne, en vue de l'élaboration du plan de services, présente quelques particularités. Elle se centre sur les forces de la personne et fait ressortir les besoins en matière de ressources, de programmes et d'interventions nécessaires au développement de la personne et à son intégration à la communauté. Les problèmes, les faiblesses et les déficits de la personne n'y sont pas décrits puisque le plan de services repose sur la valorisation de la personne, notamment à travers l'exercice de ses rôles sociaux.

Certains verront là un simple exercice de style. Nous croyons au contraire que le fait d'identifier les forces d'une personne contribue à rendre plus positive notre perception de la personne, l'aide à se reconnaître dans ses aspects les meilleurs et encourage les parents. Cette manière de procéder supporte, à la fois, un espoir de développement et une reconnaissance sociale de certaines capacités chez leur enfant. En effet, rien n'est plus pénible pour une personne et ses parents que d'assister à une rencontre où divers spécialistes font l'énumération de tout ce qu'elle ne sait pas faire et de tous ses comportements inappropriés. Par ailleurs, cette longue énumération pèse lourdement sur la perception du praticien quand il doit, par la suite, investir auprès de la personne et lui permettre d'acquérir de nouveaux apprentissages.

Il s'agit donc, dans une première étape, d'identifier à partir de nos observations et nos outils d'évaluation, les acquis de la personne. Dans une deuxième étape, on transpose les déficits et problèmes en besoins d'apprentissage ou d'intervention. Notons qu'un problème recouvre habituellement un acquis partiel ou un acquis qui se traduit par un comportement inapproprié. Il est donc intéressant de faire ressortir cet aspect positif.

Distinctions entre un problème, une force et un besoin

Un problème est ce que la personne fait, ou possède, et qui est socialement dévalorisé. C'est une difficulté qu'il faut résoudre pour l'atteinte d'un résultat souhaité. Par exemple, la personne ne s'habille pas seule, elle manque de concentration ou a un comportement agressif face à ses pairs. On décrit alors comment la personne s'éloigne des normes ou attentes de la société à travers ses comportements ou ses attitudes.

On distingue une force comme étant ce que la personne fait ou possède qui est socialement valorisé, c'est-à-dire qui correspond à des attentes sociales. En vue de procéder à l'identification des forces de la personne, on s'interroge sur ce que la personne est capable de faire, sur ses compétences, ses habiletés, ses talents, ses qualités, ses intérêts et ses préférences... Par exemple, faire des achats au dépanneur, manger proprement, être intéressée aux sports, avoir une préférence pour certains mets, démontrent bien les forces d'une personne.

Par ailleurs, un besoin est un mécanisme inhérent à la personne qui facilite son adaptation et son intégration. Pour identifier un besoin, on pourrait alors se demander quels sont les écarts entre la situation actuelle de la personne et la situation souhaitée. Les exemples qui suivent permettent de mieux identifier ce qu'est un besoin: la personne est isolée, elle a besoin de communiquer; elle a peur, elle a besoin d'être sécurisée; elle a faim, elle a besoin de manger. De même, le tableau 4.1 représente la transposition de problèmes vécus en forces et en besoins.

PROBLÈME # 1

Jules oublie de se laver le dos et les fesses lors de son bain.

> *FORCE:* Il se lave le devant du corps seul.

> *BESOIN:* Apprendre à se laver le dos et les fesses.

PROBLÈME # 2

Pierre bouscule les autres.

> *FORCE:* Il va vers les autres.

> *BESOIN:* Apprendre à communiquer verbalement qu'il est fâché ou apprendre à interagir avec un pair de manière satisfaisante pour les deux personnes.

PROBLÈME # 3

Sonia crie dès que Pierre (un pair très agité) l'approche.

> *FORCE:* Elle reconnaît le danger ou elle peut exprimer un besoin à l'adulte

> *BESOIN:* Être protégée ou apprendre à se défendre.

TABLEAU 4.1
Exemples de transposition de problèmes vécus de forces et de besoins.

Le but de l'évaluation est donc d'identifier, d'une part, les forces de la personne et, d'autre part, de déterminer adéquatement ses besoins. Finalement, forces et besoins permettront d'identifier les objectifs à atteindre au cours de la prochaine année et de dresser la liste des ressources et des divers services requis.

△ 4.3 Les grilles ou outils d'évaluation de la personne

Les grilles disponibles pour évaluer la personne sont multiples. Nous en avons sélectionné deux qui nous paraissaient particulièrement utiles à l'identification des besoins spécifiques des personnes déficientes intellectuelles: les Inventaires des acquis de l'Institut québécois de la déficience mentale et l'Inventaire du style de vie de l'Université d'Orégon.

Toutefois, certains praticiens seront, à cause de leur formation professionnelle, plus enclins à utiliser d'autres outils. Ainsi il est courant de voir les infirmières utiliser la grille des besoins fondamentaux développée par Virginia Henderson. Ces outils peuvent apporter des informations complémentaires et ajouter ainsi à la compréhension globale de la personne et de ses besoins.

Inventaire du style de vie

Cet outil d'évaluation permet d'identifier la qualité du style de vie de la personne par l'identification de ses expériences personnelles ainsi que l'ampleur de l'aide qu'elle requiert pour réaliser ses activités. Il inclut l'évaluation de l'intégration physique et sociale de la personne, la fréquence et la diversité de ses activités de même que l'évaluation de son indépendance et de son sentiment de sécurité.

Cette évaluation a comme particularité d'évaluer la qualité des expériences personnelles plutôt que les habiletés ou les performances individuelles.

Les activités qui doivent faire l'objet d'évaluation sont regroupées en 11 catégories d'expériences de vie, disposées, comme le montre le tableau 4,2, sous deux dimensions principales: loisirs et autonomie personnelle.

DIMENSIONS/CATÉGORIES	DESCRIPTIONS
Loisirs	— média — exercices physiques — jeu/passe-temps/artisanat — événements — visites sociales — autres loisirs
Autonomie personnelle	— personne elle-même — nourriture — entretien domestique — affaires personnelles — autres

TABLEAU 4.2
Dimensions et catégories d'activités évaluées à l'inventaire du style de vie.

Par cet instrument, sont identifiées les activités que la personne préfère de même que celles qui devraient être enseignées à la personne. Cet Inventaire, qui est complété par la personne elle-même, ou à défaut par son représentant ou par un praticien qui la connaît bien, permet donc de dégager les activités qui combleraient certains besoins de la personne.

Cet Inventaire a été réalisé en 1988 par le *Neighborhood Living Models* à l'Université d'Orégon, sous la supervision de Thomas Bellamy. La traduction française, qui date de mars 1989, a été réalisée par l'Institut québécois de la déficience mentale.

Inventaires des acquis de l'IQDM

Les Inventaires des acquis, publiés par l'Institut québécois de la déficience mentale, présentent une liste de comportements fonctionnels, c'est-à-dire utiles dans la vie courante, pour chaque secteur de développement. Ces comportements sont inscrits selon leur ordre chronologique d'apparition et présentés selon quatre formes distinctes, telles que montrées au tableau 4.3 de la page suivante. Plusieurs échelles de développement et de curriculum tels le *Behavioral Characteristics Progression (BCP)*, le *Portage*, le *Vulpé*, le *SEED* ont servi à l'élaboration des Inventaires des acquis.

L'intervenant identifie le degré de fonctionnement de la personne par des rencontres avec cette dernière et en complétant l'évaluation par l'utilisation de l'une ou l'autre des formes des Inventaires des acquis.

La première Forme des Inventaires des acquis s'adresse à la clientèle dont le potentiel de développement s'actualise assez rapidement. La Forme II vise à rejoindre la clientèle dont le retard de développement est plus important, que ce soit à cause d'un handicap physique ou d'un autre type de handicap. Par exemple, cette forme permet d'évaluer les personnes dont l'âge de développement se situe entre un et deux ans. La Forme III a été construite pour les personnes dont les besoins sont complexes et dont l'âge mental est d'une année ou moins (déficience sévère ou profonde).

La Forme IV regroupe des comportements jugés nécessaires à la vie en communauté et s'adresse à des individus ayant intégré la communauté ou sur le point de l'être. Cette Forme se compose de trois dimensions dont l'une, l'autonomie de base, se retrouve également dans les autres Formes des Inventaires des acquis. Les deux nouvelles dimensions ajoutées sont:

Autonomie résidentielle

— habiletés culinaires
— habiletés ménagères
— entretien des vêtements
— planification de son temps
— santé-sécurité

Autonomie communautaire

— déplacements
— manger à l'extérieur de la maison
— faire des achats
— utiliser les ressources communautaires
— budget.

DIMENSIONS/ÉLÉMENTS	FORMES			
	1	**2**	**3**	**4**
AUTONOMIE				
Alimentation	•	•	•	•
Soins personnels	•	•	•	•
Entraînement à la toilette	•			
Entraînement à la propreté		•	•	
Habillage — déshabillage	•	•	•	•
Utilisation et soin des vêtements	•			
Entretien ménager — cuisine	•			
Santé-sécurité	•			
Sexualité				•
MOTRICITÉ				
Exploration sensorielle			•	n/a
Motricité globale	•	•	•	n/a
Motricité fine	•	•	•	n/a
COMMUNICATION				
Langage réceptif	•	•	•	n/a
Langage expressif	•	•	•	n/a
Communication non-verbale	•			n/a
Développement cognitif	•	•	•	n/a
SOCIALISATION				
Jeux et loisirs	•	•	•	n/a
Relations interpersonnelles	•	•	•	n/a
Auto-suffisance communautaire	•		•	n/a
Sexualité	•		•	n/a
Initiation au travail	•			n/a

TABLEAU 4.3
Secteurs des Inventaires des acquis de l'IQDM.

L'instrument INVENTAIRES DES ACQUIS permet donc d'évaluer le degré d'apprentissage des personnes et de suivre aussi le progrès de ces personnes tout au long de l'année si des mesures périodiques sont prises.

 ## 4.4 *Préparation du plan de services*

Le cumul des données d'évaluation invite les intervenants à resituer leur jugement dans une perspective plus globalisante. C'est d'ailleurs ce que vise la réunion du plan de services. Cette opération minimise les chances d'oublis d'informations qui pourraient être importantes pour la compréhension des besoins de la personne. De plus, elle relativise les informations évaluatives souvent disparates en les regroupant sous les principaux secteurs d'activités d'une vie normale que sont les secteurs résidentiels, socio-professionnels, éducatifs, communautaires, etc.

Voyons plus en détail un exemple de protocole[1] de préparation du plan de services qui contient trois grandes parties: 1) les données historiques et socio-environnementales, 2) les besoins en ressources et en services ainsi que 3) les besoins en programmes et en interventions.

La première partie du protocole contient d'abord quelques données sociologiques sur la personne. Cette partie dresse les aspects importants des services sanitaires (ex.: chirurgie, ...), des services sociaux et, selon le cas, fait une brève description des services résidentiels ou des services de jour utilisés par la personne. Une connaissance minimale du vécu antérieur de la personne s'avère quelquefois un atout important pour mieux comprendre ses acquis et ses comportements et ainsi prendre des orientations plus judicieuses quant à son avenir.

---

1   L'appendice 1 présente le procole de préparation du plan de services.

PROTOCOLE DE PRÉPARATION AU PLAN DE SERVICES

Partie 1: données historiques et socio-environnementales

1. **Données sociologiques**
   — nom, prénom, date de naissance, âge et adresse civile de la personne; nom de la mère et adresse civile ainsi que le nom du père et son adresse civile.

2. **Aspects historiques des services**
   — services résidentiels, services sanitaires, services sociaux...

3. **Environnement social actuel de la personne**
   — personnes significatives de ses réseaux primaires et secondaires, groupes sociaux d'appartenance et les principaux services publics reçus.

4. **Personnes significatives pour la réunion du plan de services**
   — personnes importantes pour la réalisation du plan de services et pouvant participer à la réunion du plan de services.

5. **Évolution générale**
   — faits significatifs qui ont marqué la vie de la personne.

6. **Identification des forces de la personne**
   — compétences et habiletés.

TABLEAU 4.4
Présentation des données historiques et socio-environnementales

Une section de cette partie présente un portrait de l'environnement social de la personne. En premier lieu, sont présentées les personnes significatives de son réseau primaire (mère, père, frère, tante, ami...). Il ne s'agit pas d'énumérer les noms de tous les membres de sa famille ou de tous ses compagnons de classe ou de travail, mais plutôt de faire ressortir les personnes qui ont une importance affective particulière pour cette personne. Ensuite sont identifiés les groupes sociaux dont elle est un des membres. Finalement, une liste de services publics reçus peut également être utile (aide éducative à domicile de tel centre d'accueil; physiothérapie de tel hôpital, etc.).

L'évolution générale de la personne est aussi décrite dans cette partie et comprend, notamment, les faits importants survenus dans la vie de la personne depuis sa dernière évaluation tels un déménagement, un voyage ou la mort d'un proche.

Enfin, les forces de la personne, c'est-à-dire ses compétences ou habiletés dans divers secteurs, sont identifiées. Pour les plus jeunes, ces forces peuvent être du domaine de l'autonomie personnelle, de la motricité, de la communication, de la socialisation et du domaine cognitif. Pour les adolescents et les adultes, on insistera plutôt sur l'autonomie personnelle, résidentielle et communautaire de même que sur les habiletés sociales et celles reliées au travail.

PROTOCOLE DE PRÉPARATION AU PLAN DE SERVICES
Partie 2: besoins actuels de la personne en matière de ressources et de services

1. **Ressources résidentielles**
   — environnement optimal qui permet le développement des capacités de la personne.

2. **Ressources éducatives**
   — programme scolaire dont les activités permettront une vie plus autonome.

3. **Ressources communautaires**
   — groupes sociaux qui peuvent faciliter l'intégration sociale de la personne ainsi que les obstacles sociaux qu'elle rencontre.

4. **Ressources professionnelles**
   — praticiens qui peuvent intervenir au cours de la période d'application du plan de services.

TABLEAU 4.5
Évaluation des besoins en matière de ressources et de services.

La deuxième partie du protocole permet aux praticiens de faire le point sur les besoins de la personne en matière de ressources ou de services. Traiter immédiatement des ressources et des services à ce moment de la préparation, oblige les praticiens à élaborer un projet de vie à la personne, de définir d'abord un environnement résidentiel et/ou sous-professionnel et de s'interroger ensuite sur les apprentissages requis. Ainsi, le fait d'identifier que la personne devrait, au cours de l'année, quitter l'institution pour vivre en résidence communautaire ou quitter un plateau de travail pour des stages ou un emploi en milieu industriel régulier, peut amener à prioriser certains apprentissages qui seraient probablement passés en seconde place si la personne était

---

PROTOCOLE DE PRÉPARATION AU PLAN DE SERVICES
Partie 3: besoins de la personne en matière
de programmes et d'interventions

---

1. **Au plan physique**
   — apprentissages à l'entraînement sportif et au maintien d'une bonne condition physique.

2. **Secteur résidentiel**
   — apprentissages au fonctionnement autonome de la personne en milieu résidentiel hors institution.

3. **Secteur socio-professionnel**
   — apprentissages au fonctionnement autonome et productif de la personne en milieu de travail.

4. **Secteur éducatif**
   — apprentissages au fonctionnement autonome dans les secteurs de vie courants.

5. **Secteur communautaire**
   — apprentissages à une meilleure intégration sociale.

TABLEAU 4.6
Évaluation des besoins en matière de programmes et d'interventions

demeurée dans la même ressource. Cependant, dans la pratique, il est souvent préférable de présenter cette démarche dans un ordre différent lors de la réunion du plan de services. Discuter de programmes (objectifs d'apprentissage) en premier est souvent une bonne façon de ne pas faire lever trop tôt les défenses que certains participants peuvent avoir face à un changement de ressources.

Dans une deuxième étape, les ressources ou les services résidentiels, sous-professionnels, éducatifs et communautaires sont identifiés.

Dans une troisième partie, les praticiens se questionnent sur les apprentissages nécessaires à la personne ou les interventions profes-sionnelles à accomplir, afin que la personne puisse fonctionner de manière la plus autonome et aussi la plus harmonieuse possible, tout en utilisant les ressources les plus "normalisantes" possible. Pour ce faire, une revue du fonctionnement de la personne au plan physique et dans les secteurs résidentiels, socio-professionnels, éducatifs et com-munautaires est souhaitable. Notons que les besoins en programmes ou en interventions ont tout avantage à être formulés sous forme d'objectifs opérationnels puisqu'ils serviront ensuite à élaborer les plans d'interventions.

 ## 4.5 *La mutation des besoins en objectifs*

Les besoins identifiés lors de la préparation du plan de services peuvent être présentés globalement. Dans ces cas, ils s'apparentent à des buts, c'est-à-dire qu'ils définissent l'orientation des ressources et des services à long terme sans que ne soit perceptible, par leur formulation, la manière d'atteindre le résultat souhaité.

Exemples de buts:

— la (personne) rendre plus autonome dans ses déplacements;
— développer sa confiance en elle;
— développer sa communication;
— maintenir ses acquis;
— développer ses centres d'intérêts;
— développer ses habiletés sociales.

Dans d'autres cas, les besoins se présentent sous forme d'objectifs, c'est-à-dire énoncent en termes plus ou moins précis, ce vers quoi tendent l'apprentissage, les résultats visés. Ils sont, contrairement aux buts qui constituent le programme «d'une vie», atteignables dans une période d'au plus un an et laissent entrevoir, par leur formulation, les moyens d'apprentissage et d'évaluation qui seront utilisés par le praticien.

Exemples d'objectifs généraux:

— manger seule;
— se déplacer à l'aide d'une marchette;
— utiliser les pronoms en langage;
— identifier ses réussites;
— diminuer ses crises d'agressivité.

Dans tous les cas cependant, il est utile de transposer les besoins en objectifs spécifiques et de préciser, avec le plus d'exactitude possible, la cible à atteindre. Cette manière de procéder évite la confusion souvent liée aux discussions en groupe, aide à impliquer la personne qui perçoit mieux ainsi ce qui est attendu d'elle. De plus, cette procédure facilite la concertation entre intervenants et permet d'évaluer facilement et sans ambiguïté, en cours d'année, la progression des objectifs retenus.

Les caractéristiques d'un bon objectif

Un objectif bien formulé est nécessairement opérationnel puisqu'il décrit, en termes observables et mesurables, le comportement que l'on souhaite voir adopter suite à un apprentissage ou à une intervention professionnelle.

L'objectif décrit un comportement précis. Il ne décrit donc pas un secteur de développement ou un état d'être. Le mot précis signifie que l'objectif ne permet qu'une seule interprétation possible. Il contient un verbe d'action tel que dire, décrire, pointer, montrer ou faire. Ces verbes sont préférables aux verbes ou expressions moins précises que sont savoir, comprendre, être sensibilisé ou saisir le sens de...

Au besoin, l'objectif précise aussi les caractéristiques du comportement tels la forme de la réponse, son intensité, sa fréquence, sa durée, son adéquacité et son temps de latence.

CARACTÉRISTIQUES	EXEMPLES D'ÉNONCÉS
• la forme de la réponse attendue	• faire selon un ordre préétabli...
• l'intensité	• parler assez fort pour être entendu...
• la fréquence	• tous les matins...
• la durée	• au plus en cinq minutes...
• l'adéquacité	• du bon pied...
• le temps de latence	• 30 secondes après que le feu de circulation soit passé au vert...

TABLEAU 4.7
Caractéristiques d'objectifs comportementaux.

De plus, l'objectif peut inclure les conditions ou circonstances dans lesquelles on s'attend à ce que la personne produise le comportement: chez elle, dans la rue; sans indice visuel; avec un aide-mémoire illustré; avec une cuillère adaptée ou sur demande.

Autant que possible, l'objectif est formulé de manière positive, c'est-à-dire en terme de comportements à acquérir plutôt que de comportements à faire disparaître. Pour y arriver, il faut se demander ce qui est souhaitable que la personne acquière pour remplacer les comportements inappropriés. De plus, le comportement décrit doit être assumé par la personne et non par l'intervenant. En d'autres termes, la personne doit toujours être le seul sujet de la phrase. Il arrive que le comportement décrit doive être exécuté par le parent ou par un intervenant. Dans ce cas, il ne s'agit plus d'un objectif pour la personne mais d'une intervention qui doit être posée à son égard. Évidemment, une telle donnée peut aussi avoir sa place dans un plan de services.

Finalement, l'objectif retenu doit être atteint en moins d'un an. Répondre à une telle condition assure que l'objectif est suffisamment précis et aide à maintenir une motivation assez forte chez les intervenants et la personne. Pour fixer un objectif réaliste, l'intervenant doit donc, de fait, disposer de deux types d'information. D'une part, il doit suivre la progression de la personne. La mesure de cette progression est possible si l'état de la situation est connu avant l'intervention. L'évaluation des acquis, si elle est suffisamment précise, fournit habituellement cette donnée nécessaire. D'autre part, l'intervenant doit connaître le rythme habituel d'apprentissage de la personne. Dans certains cas, il deviendra évident qu'un objectif devra être décomposé en plusieurs sous-objectifs pour permettre à la personne d'en faire l'acquisition.

Il est important de bien distinguer l'objectif du moyen. Il s'agit en fait d'une confusion courante chez plusieurs praticiens. Un moyen est ce qui sert ou aide à réaliser l'apprentissage, la façon dont on s'y prend pour atteindre l'objectif. Voici quelques exemples de moyens:

- lui offrir une activité de stimulation sensorielle;
- la faire examiner par un neurologue;
- lui fournir une cuillère adaptée ou ajuster son fauteuil roulant;
- communiquer régulièrement avec l'enseignant.

OBJECTIF SPÉCIFIQUE

---

1. L'objectif décrit un comportement, c'est-à-dire la performance visée, de façon opérationnelle, observable et mesurable.

   — L'énoncé comprend un verbe d'action;
   — il ne prête pas à interprétations;
   — parfois il comprend les caractéristiques du comportement ou ses conditions ou circonstances de réalisation;
   — autant que possible, il est formulé positivement.

2. Ce comportement doit être émis par la personne.

3. Cet objectif peut être atteint en moins d'un an.

TABLEAU 4.8
Caractéristiques d'un objectif spécifique.

À la suite de l'élaboration des objectifs, il deviendra important, pour le succès de la réalisation du plan de services, d'établir un ordre de priorité dans la réalisation des activités devant conduire à l'atteinte des objectifs. Souvent, toutes les interventions professionnelles ou les démarches communautaires ne peuvent être réalisées en même temps. Il faut alors situer les objectifs selon un ordre de priorité.

 ## 4.6 La priorisation des besoins

Dès l'identification des besoins terminée, formulée en termes de ressources, objectifs et interventions, les participants constatent fréquemment l'impossiblilité de réaliser toutes les décisions inscrites au plan de services en une seule et même année. Il faut établir des priorités. En effet, il est important non seulement de tenir compte des capacités d'apprentissage de la personne mais aussi de préserver un rythme de vie relativement normal. Ainsi, quotidiennement, une personne devrait toujours avoir du temps libre pour relaxer et cela même si une longue liste d'apprentissages est dressée pour elle.

Se pose donc, lors de la réunion du plan de services, le problème de prioriser les besoins. Dans ces circonstances, il devient essentiel de clarifier les critères de priorité avec tous les participants, chacun défendant habituellement l'importance des objectifs qu'il a lui-même préparés et qui rejoignent le plus son expertise professionnelle ou ses préoccupations personnelles. Établir un tel consensus empêche donc que ne soient automatiquement mis de l'avant les objectifs des participants les plus habiles à argumenter, ayant le statut le plus élevé dans l'équipe ou encore ceux qui se montrent les plus agressifs.

À notre avis, tout ce qui touche la sécurité physique de la personne et de son entourage devrait recevoir une première place dans l'exécution des objectifs. Par exemple, les objectifs *apprendre à rester sur le trottoir* pour un enfant résidant dans un quartier très achalandé, *modifier le comportement d'un jeune adulte qui agresse les autres lorsqu'il est contrarié ou encore contrôler l'adolescent qui abuse sexuellement des plus jeunes dès qu'il est laissé seul avec eux* sont des interventions urgentes, de toute première importance.

Devrait ensuite recevoir priorité, tout objectif ou intervention permettant à la personne de faire un pas significatif vers une intégration complète dans la communauté ou l'amélioration de son image sociale. Par exemple, *apprendre à utiliser le transport en commun a plus d'impact dans la vie d'une personne que le fait d'apprendre à se brosser les dents.* Le premier apprentissage permet en effet d'avoir accès à un ensemble de stimulations nouvelles et valorisantes.

Aussitôt que les besoins sont identifiés, la personne devrait, chaque fois qu'elle peut s'exprimer verbalement ou autrement, se prononcer sur l'ordre de priorités des besoins qu'elle veut combler pour l'année à venir. Cette manière de procéder est parfois frustrante pour les intervenants. Toutefois, s'y conformer c'est responsabiliser la personne, s'assurer de sa motivation et la reconnaître comme un sujet, une entité autonome. Lorsqu'il s'agit d'un enfant, et particulièrement s'il réside à domicile, les parents devraient avoir le choix des objectifs à prioriser. Cependant ils ont habituellement besoin de l'aide de l'animateur pour mener à bien cette tâche et convenir avec les autres membres du nombre d'objectifs qu'ils peuvent poursuivre de manière concomitante. Leur désir de faire l'impossible pour l'enfant les rend particulièrement vulnérables aux intérêts des professionnels qui sont beaucoup moins préoccupés des autres contraintes telles la vie familiale, les exigences professionnelles ou personnelles des parents.

Dans le cas d'enfants, la préoccupation d'harmoniser leur développement, lorsque sont priorisés des objectifs, devrait être toujours présente. Il est alors important d'investir davantage dans les secteurs de développement les plus faibles pour assurer un certain rattrapage. L'intégration sociale des personnes autrefois internées montre que les habiletés motrices et celles relatives à l'autonomie personnelle que l'on croyait être les plus facilement acquises était un préjugé. Cette situation était davantage attribuable aux effets de la vie institutionnelle plutôt qu'au quotient intellectuel lui-même.

Chez les adultes, par contre, il ne sert à rien de tenter d'harmoniser à tout prix leur profil de développement; au contraire, il est préférable d'investir sur leurs forces actuelles. Notons qu'est considérée comme une force toute caractéristique de la personne qui est utilisable de manière positive. Ainsi, au lieu de favoriser la rigidité de la position de l'adulte (rigidité obsessive), les intervenants pourraient utiliser cette force pour accomplir un travail d'entretien ménager.

PRIORITÉ DES OBJECTIFS

Par ordre d'importance:

1. **Sécurité**
   Objectif lié à la sécurité de la personne et de son entourage.

2. **Intégration communautaire**
   Objectif ayant un impact important sur le degré d'intégration communautaire ou sur son image sociale.

3. **Intérêt personnel**
   Objectif correspondant aux intérêts de la personne, surtout s'il s'agit d'un adolescent ou d'un adulte, ou au choix des parents s'il s'agit d'un enfant résidant dans sa famille.

4. **Profil de développement**
   Objectif permettant d'équilibrer le profil de développement de l'enfant dans un secteur accusant un certain retard. Également, un objectif faisant appel à une force déjà présente chez l'adulte.

Autres considérations:

— tenir compte de la rapidité d'apprentissage de la personne;
— préserver un rythme de vie normale qui inclut des périodes de temps libres.

TABLEAU 4.9
Ordre de priorité des objectifs.

△ *4.7 Les divergences dans la perception des besoins*

Tous les participants au plan de services n'ont pas nécessairement la même perception des besoins de la personne. Les causes peuvent être multiples: formations professionnelles différentes, valeurs personnelles, préjugés, craintes, etc. Que faire dans ce contexte? De fait, l'animateur doit voir à ce que les besoins de la personne soient respectés, particulièrement ceux en regard de son intégration et de sa valorisation sociale puisqu'il s'agit de valeurs molaires qui fondent le plan de services. Il doit cependant y arriver tout en s'assurant qu'aucun participant ne se sente perdant. On aura alors besoin de la collaboration de tous lors de la réalisation du plan de services. Il doit aussi, en cas de conflit, rechercher un compromis allant dans le sens du respect des besoins de la personne, c'est-à-dire trouver «la plus petite distance commune» que les dissidents sont prêts à franchir dans cette direction. Au besoin, il fixera une autre rencontre, pas trop lointaine (un ou deux mois plus tard), afin d'évaluer à nouveau cette étape. L'animateur, recherchant le consensus, verra alors avec les membres s'il est possible d'identifier une autre action allant dans le sens des besoins de la personne.

Il se peut que tous les participants, à l'exception des parents, s'entendent sur le besoin d'un enfant identifié de la manière suivante: *sortir de l'institution pour intégrer une ressource de type famille d'accueil.* Or, la reconnaissance de la première place que tiennent les parents à propos des décisions touchant leur enfant est évidente. De plus, il est important de savoir que l'acceptation des parents constitue un facteur essentiel pour la réussite d'une intégration. Alors comment l'animateur peut-il composer avec une telle situation? Il doit d'abord décoder les motifs sous-jacents au refus des parents; dans bien des cas, ce sera la crainte de l'inconnu, la crainte que la surveillance offerte à l'enfant soit moindre qu'en institution et qu'il ne soit abusé par un autre, la crainte qu'en cas d'échec dans cette ressource il soit réorienté vers la famille naturelle, etc. Il peut y avoir mille et une raisons qui justifient leur refus. Si tel est le cas, l'animateur s'assure que les parents reçoivent du travailleur social les réponses à leurs questions; il pourrait même demander au travailleur social de leur faire exprimer leurs craintes. Par ailleurs, il suggère diverses étapes de réalisation laissant ainsi de la latitude aux parents. Dans un premier temps, l'animateur ne demande leur accord que pour obtenir une ressource, précisant que cela ne les engage à rien par la suite. Une fois la ressource trouvée, ils pourront la rencontrer, contacter les responsables et, si cela ne leur convient pas, la refuser. Ce n'est que lorsque l'on aura trouvé une ressource face à laquelle ils se sentiront rassurés que l'enfant sera transféré. Il mentionne par ailleurs qu'il ne sert à rien de s'inquiéter dès maintenant, car la recherche d'une ressource requiert habituellement plusieurs mois.

L'animateur pourra agir de même envers les représentants de la garderie ou de l'école qui démontrent des résistances à accueillir l'enfant dans un contexte normal. Il doit d'abord identifier pour lui-même les motivations affectives qui suscitent de la résistance et voir à ce que la personne reçoive les informations utiles. Il peut, en cela, rappeler les résultats d'expériences semblables. Quels en sont les résultats positifs et négatifs? De quel type d'aide peuvent-ils disposer? Qui défraie cette aide? Qu'arrive-t-il si cela ne fonctionne pas?

L'animateur cherche ensuite la plus petite distance que la personne accepte de franchir, allant ainsi dans le sens des valeurs d'intégration et de valorisation sociale. Il identifie également les étapes subséquentes en lui précisant toutefois la manière d'influencer les décisions à chaque étape. Il est important de se rappeler que, d'une étape à l'autre, l'orientation des services demeure constante. Ce sont les modalités et les délais de réalisation qui, seuls, peuvent varier.

Dans de tels cas, il est toujours dangereux de laisser le groupe exercer des pressions persistantes sur les membres divergents, chaque autre participant essayant, à tour de rôle, de les convaincre. L'accord forcé alors obtenu tient rarement longtemps dans la pratique quoti-dienne et entraîne habituellement des formes de "boycott" déguisé. En effet, les pressions ne peuvent venir à bout de craintes ou des réactions défensives bien enracinées; accepter de se mettre en marche, même sur une petite distance, contribue au contraire à modifier le fondement de la résistance.

Un autre problème se présente souvent à l'animateur **désireux** de respecter les désirs de la personne pour laquelle est destiné le plan de services. Par exemple un jeune adulte exprime clairement son désir de retourner vivre avec ses parents alors que ces derniers ne souhaitent pas ou ne peuvent pas assumer cette présence quotidienne. Il est important de signaler que cette situation doit être appréhendée avant la rencontre du plan de services de façon à ce que le travailleur social (ou la personne aidant les parents à se préparer) ait pu clarifier les réactions de ces derniers. Durant la rencontre, l'animateur voit à ce que la personne exprime son désir et à ce que les parents, avec l'aide du praticien, définissent clairement leur position. Il amène aussi les parents à préciser par quelle modalité ils souhaitent garder un lien avec leur enfant adulte. Un participant peut alors offrir une aide à ce dernier en recadrant la situation dans un contexte de normalité où les jeunes adultes vivent habituellement hors du domicile familial tout en rendant visite à leurs parents. Ce qu'il faut bien comprendre, c'est que la personne peut décider des événements qui la concernent elle-même tant que cette décision ne brime pas la liberté des autres personnes. Dans le cas où d'autres personnes sont impliquées, il revient à l'animateur et à certains membres du groupe d'offrir l'aide nécessaire aux deux parties, non seulement pour exprimer clairement les réalités, mais aussi pour recevoir les réactions.

 ## 4.8 *Le protocole du plan de services*

Dès que chaque besoin s'est vu attribuer un ordre de priorité et que les divergences d'opinion entre les participants ont été résolues, l'inscription des objectifs peut être faite sur le protocole du plan de services, tel que présenté à l'appendice 2.

PROTOCOLE DU PLAN DE SERVICES

Partie 1: renseignements divers

1. Identification du nom du coordonnateur et de ses fonctions courantes.
2. Identification de l'animateur et de ses fonctions courantes.
3. Noms des participants, profession et numéros de téléphone.
4. Information sur la réunion:
   — date de la réunion actuelle;
   — date de la prochaine réunion.
5. Signature des participants.

TABLEAU 4.10
Renseignements courants contenus au plan de services.

PROTOCOLE DU PLAN DE SERVICES

Partie 2: planification des interventions

1. **Besoins en matière de programme et d'interventions**
   Objectifs, interventions prévues, responsable de l'intervention, date de réalisation.
2. **Besoins en matière de ressources et services**
   Objectifs, interventions prévues, responsable de l'intervention, date de réalisation.
3. **Besoins en ressources inexistantes**
   Objectifs, interventions prévues, responsable de l'intervention, date de réalisation.

TABLEAU 4.11
Propositions planifiées de satisfaction des besoins de la personne

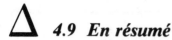 ## 4.9 En résumé

L'indentification des besoins d'une personne peut être influencée par divers facteurs: valeurs culturelles, perceptions, préjugés ou croyances. Dans l'étape de préparation au plan de services, l'évaluation se centre sur les forces de la personne et fait ressortir ses besoins en matière de ressources, de programmes et d'interventions nécessaires au développement de la personne et à son intégration à la communauté. L'évaluation consiste donc, dans une première étape, à identifier les acquis de la personne. Dans une deuxième étape, les praticiens transposent les déficits en besoins d'apprentissage ou d'intervention. Les forces ou les besoins de la personne permettent d'identifier les objectifs à atteindre au cours de la prochaine année et de dresser la liste des ressources et des divers services requis.

Le cumul des données d'évaluation invite les intervenants à resituer leur jugement dans une perception plus globalisante. Cette opération permet aussi de relativiser les informations évaluatives souvent disparates, en les regroupant sous les principaux secteurs d'activités d'une vie normale.

Dans une troisième étape, les membres de l'équipe du plan de services identifient les apprentissages nécessaires à acquérir pour que la personne puisse fonctionner de manière plus autonome, en utilisant les ressources les plus normalisantes possible. Souvent cependant, devant le grand nombre des besoins identifiés, les participants devront procéder à la prestation des services.

C'est souvent à l'occasion de cette dernière opération que l'animateur devra favoriser la convergence des perceptions à l'égard des besoins de la personne.

PRINCIPALES RÉFÉRENCES

BLUMA, S. *et al.*, (1976). *Guide partage d'interventions précoces*, Éd. Française, Downview: Institut J. Allan Rocher.

HERST, J., (1975). Seed, *Profil de développement.* Denver: Centre de réhabilitation Sewatt.

INSTITUT QUÉBÉCOIS DE LA DÉFICIENCE MENTALE, (1988). *Inventaires des Acquis.* Formes I, II, III et IV. Québec: Montréal.

NEWTON, S *et al.* (1988). *Value Outcomes Informations System*, (Vois). Orégon: University of Oregon.

VORT CORPORATION, (1977). *Behavioral Caracteristics Progression*, 5 vol, Éd. Française. Montréal: Institut québécois de la déficience mentale.

VULPÉ, S. (1969). *Vulpé Assesment Gattery.* Toronto: National Institute of Mental Retardation.

CHAPITRE 5

Une équipe de travail dynamique

par **Daniel Boisvert**, *Ph.D.* et **P.A. Ouellet**

On a d'action sur un autre être que si l'on ne veut pas en avoir. Car l'intention que je sens en vous de conquérir mon assentiment me met en garde et m'empêche de le donner.

L. LAVELLE

L'équipe du plan de services est généralement identifiée à un groupe restreint qui se réunit autour de la personne et avec elle pour élaborer le plan de services. Cependant, bien que cette réunion ne soit pas obligatoire, elle demeure utile dans la mesure où la satisfaction des besoins de la personne exige une concertation planifiée de plusieurs intervenants. À priori, l'objet du travail est connu des intervenants professionnels. Chacun de ces participants est d'abord mandaté individuellement par son établissement avant d'assumer ce mandat collectivement avec les autres participants de l'équipe du plan de services. Le but de la réunion et les modalités de participation sont aussi connus des autres participants qui ont reçu préalablement le soutien de l'animateur et du coordonnateur dans leur préparation.

La personne en besoin de services demeure en tout temps au coeur des préoccupations de l'équipe du plan de services. À cet énoncé à caractère idéologique, correspond une volonté ferme d'articuler les actions des autres intervenants autour d'un centre clairement identifié dans l'équipe, celui du bénéficiaire des services. Ceci permet souvent de faire contrepoids à l'attraction naturelle exercée par les intérêts des corporations qui ont délégué leurs représentants sur cette équipe de travail.

Il va donc de soi que la personne, peu importe ses caractéristiques psycho-sociologiques, soit présente et la plus active possible au sein de l'équipe. Il s'agit là d'un geste important dans la valorisation de son rôle social.

Dans ce chapitre, il sera question des retombées prévisibles du fonctionnement de l'équipe de travail, de l'évolution historique des équipes de services auprès de la personne, de la composition de l'équipe, des rôles joués par les participants de l'équipe et de la structure dynamisante de l'équipe du plan de services. Il introduira également au rôle de la personne et de ses parents lors de la réunion du plan de services.

△ 5.1 Évolution de l'équipe du plan de services

La conception de l'équipe du plan de services est récente dans l'histoire des services sociaux et de santé. Elle est encore plus jeune dans l'histoire du Québec. De plus, la notion d'équipe, en matière de planification et de prestation de services aux personnes présentant une déficience intellectuelle, recouvre plusieurs dimensions différentes. Ces dimensions correspondent chacune à une période précise de l'évolution des services socio-sanitaires que le tableau 5.1 présente sous forme synoptique.

Ce qui caractérise fondamentalement l'évolution de l'équipe c'est d'abord le rôle de plus en plus important de la personne et, de ce fait, l'impact réel qu'elle exerce sur ses propres services.

L'analyse de l'évolution de cette notion, étroitement associée à l'évolution de la perception de la personne déficiente, amène Loop et Hitzing (1973) dans leur rapport au Developmental Disabilities Office de l'État de Kensas, à identifier quatre appellations distinctes de l'équipe: l'équipe unidisciplinaire, l'équipe multidisciplinaire, l'équipe interdisciplinaire et l'équipe transdiciplinaire.

L'équipe unidisciplinaire

Ce type d'équipe est en soi une hyperbole si l'on considère d'une part le fait qu'une seule personne participe vraiment à la prise de décision et d'autre part, le statut de la personne en situation de besoins prévalant à l'intérieur de cette équipe. L'approche de services que traduit cette réalité émane d'une philosophie où les relations avec la personne correspondaient à un rapport de type thérapeute-client.

Dans cette *équipe*, le thérapeute menait des évaluations relevant du domaine sanitaire et mettait en oeuvre des interventions qui avaient peu de complémentarité avec les interventions des autres professions.

Le dossier du bénéficiaire pouvait contenir les informations suivantes: autorisation de procéder à des opérations chirurgicales, mesures de taille et de poids, relevé de crises convulsives, demandes de consultations médicales, fiche dentaire, etc.

Type de concertation *Équipe*	Description de la démarche	Période	Outils	Type de participation	Rôle de la personne	Composition	Animation
Uni-disciplinaire	Un seul professionnel et un seul service qui agissent auprès de la personne.	1900 → 1960	• Rapports médicaux, dossiers à caractère santé.	• Inexistante.	Passif-dépendant.	Médecin.	Nil.
Multidis-ciplinaire	Mise en commun des expertises et des compétences de chacun des spécialistes au chapitre de l'information.	1960 → 1970	• Étude de cas. • Rapport journalier. • Contenu psycho-dynamique. • Test d'intelligence.	• Rigueur dans l'analyse de cas. • Auto-suffisance des professionnels.	Consommateur de services.	Médecin. Psychologue. Éducateur. Pédagogue. Infirmière. Travailleur social.	Le médecin.
Interdis-ciplinaire	Mise en commun active des expertises et échanges entre les participants. La personne est présente.	1970 → 1980	• Document d'évaluation des besoins. • Dossier commun.	• Partage des informations. • Acceptation des autres professionnels.	Participant consulté.	Personne. Médecin. Psychologue. Éducateur. Parents. Travailleur social et autres.	Les professionnels partagent l'animation.
Transdis-ciplinaire	Tous les participants ont une importance égale. La personne, les proches et toutes personnes jugées pertinentes participent à la démarche.	1980 → 2000	• Plan de services • Plan d'interventions. • Bilan des acquis. • Instrument à caractère développemental.	• Respect de la participation de l'autre. • Tolérance et acceptation de la personne.	Actif. Influence les décisions. Il est coproducteur de son plan de services.	Personne. Parents. Amis. Psychologue. Éducateur. Travailleur social. Bénévoles.	L'équipe choisit son animateur. Peu importe le statut du membre.

TABLEAU 5.1   **Évolution des services dispensés à la personne au Québec.**

Cette approche avait pour principal inconvénient de négliger la coordination des services entre les praticiens, ce qui provoquait souvent l'absence d'une compréhension globale des besoins de la personne déficiente.

L'équipe multidisciplinaire

Cette équipe de professionnels chargée d'évaluer le fonctionnement sanitaire et psychologique du bénéficiaire mettait l'accent sur les études de cas, les rapports journaliers, les évaluations psycho-dynamiques et les tests d'intelligence. En fait, par ce type d'équipe, les professionnels mettaient en commun leurs expertises individuelles sans toutefois dépasser vraiment l'étape de l'information mutuelle. Le bénéficiaire, perçu comme un consommateur de services, ne participait pas activement avec cette équipe de praticiens.

L'équipe interdisciplinaire

Par l'équipe interdisciplinaire s'opèrent en plus grand nombre des échanges véritables entre les praticiens. Dans la perspective de l'équipe interdisciplinaire, tous les membres apportent leur contribution à l'ensemble des autres secteurs de pratique. Font parti de cette équipe, la personne, ses parents et tous les autres intervenants jugés pertinents à la planification et à la prestation des services.

L'équipe transdisciplinaire

Le dictionnaire Quillet-Flamarion définit *transdisciplinaire* comme suit: *qui libère la division du savoir en disciplines séparées.* La plupart des équipes novatrices actuelles adoptent cette façon de concevoir le travail en équipe, façon qui implique chez les participants l'atteinte d'une certaine forme de consensus qui rallie la plupart des personnes invitées à prendre des décisions. Cette manière de procéder vise la diminution, voire l'élimination de la prépondérance d'une pratique disciplinaire au détriment des autres spécialisations, et invite à pondérer plus équitablement les influences entre les praticiens et les *non-spécialistes.* Les informations des uns influencent les autres et tous ont la possibilité de partager leur savoir. Les moyens à caractères développementaux y sont privilégiés comme, par exemple, *l'inventaire des besoins des personnes présentant une difficulté de développement* traduit de l'américain et adapté par Pilon et Côté (1983).

C'est aussi en 1983 que l'Office des personnes handicapées du Québec définissait, dans son document «*À part... égale*», le plan de services et faisait la promotion du concept de prestation de services personnalisés.

△ 5.2 L'équipe comme groupe hétérogène, à durée de vie limitée

L'ensemble des membres de l'équipe du plan de services désire de meilleurs services pour la personne déficiente intellectuelle. Sur ce point ils font unanimité. La mission de l'équipe, répondre aux besoins de la personne, est très certainement un facteur d'unité.

Toutefois, en raison de plusieurs dimensions qui lui sont propres, particulièrement la dimension du rattachement administratif de certains membres, l'équipe du plan de services demeure un groupe plutôt hétérogène.

Hétérogénéité corporative

L'équipe est composée de représentants de corporations différentes qui n'ont pas nécessairement la même mission ou, à tout le moins, qui n'envisagent pas d'assumer leur mission de la même manière. Qu'il s'agisse de centres d'accueil de réadaptation, du Centre des services sociaux, des familles d'accueil, du Centre local de services communautaires, de l'atelier, de l'école, des organismes de loisirs ou autres, tous ces établissements tendent à conserver instinctivement leur pouvoir et leur territoire.

À ces représentants corporatifs s'ajoutent les bénéficiaires eux-mêmes, les parents, les éducateurs et l'ensemble du personnel de l'une ou l'autre des corporations. Alors l'équipe du plan de services n'est pas uniquement hétérogène quant à sa composition, mais aussi quant à ses valeurs, ses orientations en ressources et en programmes.

Hétérogénéité des services

De plus, les priorités en matière de services ne sont pas nécessairement les mêmes d'un établissement à l'autre. De même, la philosophie et les valeurs qui sous-tendent les services sont souvent fort différentes. Pour quelques-uns, une approche médicale sera préconisée tandis que pour d'autres ce sera la valorisation du rôle social qui apparaîtra comme la meilleure approche. L'animateur doit reconnaître cette dynamique lorsqu'elle se présente et miser sur la maturité professionnelle des membres. Cette manière d'agir permet d'utiliser cette différence de perception comme force de travail pour sonder les solutions de services. Cependant il ne faudra pas que l'animateur perde de vue l'importance de la compréhension du rôle social de la personne en situation de besoin.

Hétérogénéité de statuts

Bien que l'on prétende à une égalité de statut dans l'équipe, il est difficile de faire abstraction des responsabilités que chaque membre assume en dehors de l'équipe du plan de services. Ainsi, si un effort spécifique d'intégration n'est pas fait par un membre avec un statut élevé, par exemple un cadre supérieur d'une corporation, les autres membres peuvent accorder moins d'importance à leur propre rôle dans l'équipe. Cette attitude risque de rendre inaccessible l'harmonie dans l'équipe.

L'hétérogénéité représente tantôt un aspect positif, tantôt un aspect négatif. En regard de la cohésion, l'hétérogénéité de l'équipe est un facteur que l'animateur doit minimiser pour assurer un minimum de tensions entre les professionnels. En regard de la tâche, l'hétérogénéité est une force qui permet de s'assurer de la profondeur des débats et de la complémentarité des services. Dans l'un ou l'autre cas, l'hétérogénéité est une caractéristique de l'équipe qui est dynamisante.

L'équipe du plan de services est aussi un groupe dont la durée de vie est limitée. Le plan de services nécessite en général une réunion par année. D'une réunion à l'autre, les membres sont appelés à changer compte tenu de l'évolution de la personne et de ses besoins. Ainsi, certains membres présents lors de la première rencontre peuvent se retirer de l'équipe.

Il en va de même pour les parents, les frères et les soeurs de la personne qui risquent de ne plus être là lors de la prochaine réunion du plan de services, faute de motivation, par manque d'intérêt ou tout simplement par manque de disponibilité. Souvent l'animateur et la personne sont les deux seuls membres permanents qui demeurent sur l'équipe du plan de services.

Les retombées du travail de l'équipe

Des retombées bénéfiques et stimulantes proviennent du travail accompli par l'équipe.

D'une part, l'équipe sert de point d'appui à la personne en situation de besoin lors de la demande de services. En fait, l'équipe permet à la personne de planifier ses services tout en évitant les écueils du fonctionnement du réseau officiel de la santé et des services sociaux, sur lesquels se brisent souvent les démarches solitaires des demandeurs.

Travailler en équipe exige aussi des participants qu'ils apprennent à agir de manière complémentaire les uns par rapport aux autres. Sur ce plan, l'apprentissage du travail en équipe, qui permet notamment l'acquisition d'habiletés et d'attitudes positives envers les autres partenaires, sera particulièrement précieux lors des interventions auprès de la personne et de son environnement social.

D'autres retombées sont inhérentes à la nature même de la dynamique de cette équipe. Le travail de l'équipe du plan de services facilite la programmation des services de chacun des établissements tout en permettant à chacun de ces établissements d'offrir leurs propres services individualisés, tout en demeurant complémentaires les uns par rapport aux autres.

Pour les administrateurs des établissements publics, le travail effectué par l'équipe du plan de services permet également de concrétiser, avec une plus grande efficacité, le cycle important de la planification des services destinés aux bénéficiaires.

D'une manière générale, l'équipe du plan de services concourt à une meilleure communication entre les partenaires du réseau de la santé et des services sociaux. Cependant elle demeure avant tout un moyen privilégié par lequel on rend accessible aux bénéficiaires et aux autres praticiens le langage hermétique de certaines professions. En sens inverse, l'équipe du plan de services précise et vérifie, de manière plus spécialisée, la teneur des demandes parfois confuses (langage corporel, affectif et cognitif) des personnes en situation de besoins.

△ *5.3 La composition de l'équipe*

Le choix des participants à la réunion du plan de services est de toute première importance pour la réalisation des objectifs de l'équipe. Il se fonde sur une vision singulière des interventions professionnelles issue des besoins de la personne. L'équipe n'est plus le regroupement hiérarchisé de professionnels que l'on connaissait autrefois et qui devait se partager l'exécution de certaines tâches individuelles. Comme l'expriment Côté *et al.* (1989 : 43) l'équipe qui fonctionne le mieux est celle où chaque coéquipier se respecte et accepte toute critique constructive, sans se sentir lésé ou diminué. Un vrai travail d'équipe est alors possible lorsque chaque équipier agit d'égal à égal et s'implique honnêtement dans ce travail.

Cependant certaines contraintes, comme l'âge et l'état de santé, peuvent limiter le rôle actif de la personne. L'enfant en bas âge, par exemple, peut difficilement participer à titre de membre actif, à la réunion du plan de services. Toutefois, sa présence parmi l'équipe au début de la rencontre rappelle aux autres participants la raison d'être de la réunion. On se souviendra alors plus facilement, dans les discussions et les décisions qui suivront, qu'il s'agit là de gestes graves qui concernent la vie d'une personne humaine. Idéalement, la personne devrait proposer son propre plan de services aux autres membres de l'équipe.

D'autres personnes proches du bénéficiaire peuvent participer à la distribution ou la réception de ces services. Toutes ces personnes peuvent donc aider à l'élaboration du plan de services et, à ce titre, elles deviennent importantes en tant que membres de l'équipe du plan de services. L'une de ces personnes peut même être appelée à défendre les intérêts du bénéficiaire et devenir ainsi son représentant officiel dans l'équipe du plan de services. Pelletier et Cloutier (1987 : 22) voient aussi la participation possible d'un représentant du bénéficiaire lors de la phase d'élaboration du plan de services, dans le cas où il y a incapacité d'agir de la part du bénéficiaire.

Les professionnels des établissements prestateurs de services doivent aussi composer cette équipe, particulièrement les praticiens qui auront à élaborer les plans d'intervention individualisés[1]. Ce sont ces personnes qui seront chargées d'offrir les services ou de concourir à leur prestation. De manière générale, ces professionnels occupent l'une des fonctions suivantes:

- **Des centres d'accueil de réadaptation**
    - éducateur ou éducatrice;
    - psychologue;
    - coordonnateur de services dans une structure non encore établie.

- **Des centres locaux de services communautaires**
    - médecins généralistes;
    - infirmières;
    - travailleur(euse) social(e).

- **Des centres hospitaliers**
    - médecins généralistes;
    - médecins spécialisés (psychiatrie, gériatrie,etc.).

- **Du milieu scolaire**
    - professeur;
    - professionnel non enseignant.

À tous ces intervenants des réseaux scolaires, de la santé et des services sociaux s'ajoutent toutes les autres personnes en responsabilité dans d'autres secteurs de la vie publique, tels les loisirs, le transport, etc. Eux aussi peuvent collaborer, à un moment ou à un autre de

---

1 Le praticien chargé d'élaborer un plan d'intervention définit, en raison de sa profession, les objectifs opérationnels du plan de services qui le concernent, choisit l'approche théorique qui guidera son intervention et identifie la démarche d'apprentissage du bénéficiaire.

l'élaboration du plan de services, à la programmation des services et à leur prestation.

Les bénévoles, sans statut professionnel particulier, peuvent également collaborer de manière efficace à la réalisation du plan. Par exemple, les parrains ou les marraines ainsi que les grandes soeurs ou les grands frères assument un rôle de facilitateur dans le processus d'intégration sociale de la personne. Souvent ces bénévoles sont appelés à représenter la personne lorsque cette dernière n'a pas la possibilité de s'exprimer au sein de l'équipe. Elles enrichissent donc le contenu des discussions à partir de leur connaissance des besoins et des comportements de la personne.

△ 5.4 Les rôles dans l'équipe du plan de services

De manière générale, nous identifions quatre rôles distincts dans l'équipe du plan de services. D'abord l'animateur dirigera les destinées de l'équipe. Le secrétaire de la réunion du plan de services deviendra en quelque sorte la mémoire du groupe. À cela s'ajoutent les rôles de participants qui demeureront toujours, peu importe le travail effectué, la pierre angulaire sur laquelle reposera la fécondité des débats. Enfin, avant de se disperser, l'équipe se dotera d'un coordinateur pour veiller à l'exécution des tâches décidées antérieurement par tous les participants.

L'animateur

L'animateur assume un rôle central dans les communications et le fonctionnement de l'équipe, particulièrement lors de la réunion du plan de services. Son rôle l'amène notamment à assumer des fonctions singulières en regard de chacune des trois dimensions suivantes du fonctionnement du groupe: la tâche, la procédure et les relations socio-émotives. Eu égard de la tâche, le travail de l'animateur assure la clarification du mandat et des idées; il régularise les débats en s'assurant du respect de la procédure de travail; enfin il facilite, *fonction de facilitation*, les démarches des membres vers la réalisation du plan de services.

Dans la pratique, l'animateur aura l'occasion de remplir l'une ou l'autre de ces trois fonctions et de manifester ses comportements d'aide lors des principales étapes de la réunion du plan de services: 1) l'accueil des participants, 2) la présentation du sujet de la réunion, 3) le lancement de la discussion, 4) la progression de la réunion et 5) la conclusion des débats.

Dans ce genre d'équipe, l'animation devrait être assumée par la personne qui a le plus de facilité à mener les discussions et, par conséquent, le plus de chance de faire atteindre les objectifs que s'est fixés l'équipe.

Le secrétaire

Toujours identifiée en début de réunion, ou mieux encore avant la rencontre, la personne qui assume le rôle de secrétaire doit faire montre de qualités particulières. Ce rôle exige notamment que cette personne soit capable d'une grande écoute et manifeste des qualités évidentes dans la clarté de l'expression écrite ou orale.

Dans l'équipe du plan de services, le secrétaire a la responsabilité de compléter le protocole du plan de services de manière synthétique et compréhensible par tous les participants. De préférence cette personne est choisie parmi les praticiens qui ont l'habitude d'écrire et qui sont moins impliqués directement dans le débat sur les services. Certaines équipes choisissent même de partager cette tâche en demandant à un ou deux autres membres d'assurer la relève du premier secrétaire. Appliquées à la réunion du plan de services, les recommandations de Aubry et Saint-Arnaud (1975 : 80) à propos du secrétaire de réunion pourraient s'énoncer de la manière suivante:

- choisir les éléments à noter;
- se concentrer sur le contenu de la discussion; se tenir prêt, sur demande, à résumer la discussion...;
- consulter le groupe en cas d'incertitude...;
- rappeler, s'il le faut, la nécessité d'un juste partage des tâches entre les participants;
- occasionnellement, demander au groupe d'apprécier la facture et le contenu du protocole du plan de services.

Les participants

Compte tenu des différentes spécificités des participants à la réunion du plan de services (bénévoles, parents, personne, praticiens, etc.), il est impossible de définir une seule et même fonction pour tous ces participants.

De la personne d'abord, l'équipe attend surtout la confirmation de sa volonté à participer activement aux services qui lui sont offerts. Dans un même ordre d'idées, les membres souhaitent particulièrement que le bénéficiaire exprime ses idées et ses préférences. En retour, le bénéficiaire préfère participer à la réunion du plan de services parce qu'il souhaite connaître l'avis des autres membres sur son propre fonctionnement. Comme membre de l'équipe et comme personne, il se sent valorisé dans son rôle social chaque fois que les autres membres s'adressent directement à lui.

Les parents et les amis de la personne aident aussi à l'élaboration du plan de services, principalement lorsque la personne est jeune ou présente une déficience sévère. Ils apportent des éléments de connaissance sur la personne, que seuls ils détiennent. De plus, ces participants s'assurent du respect des droits de la personne et partagent, dans la mesure du possible, les tâches de l'équipe du plan de services. Solidement appuyés par les autres participants, ces participants peuvent animer la réunion du plan de services.

Les praticiens ont la responsabilité principale de transmettre de manière brève mais complète, tous les éléments importants du bilan des acquisitions faites par la personne. Ils ont de surcroît la responsabilité de présenter à l'équipe des suggestions de plans d'interventions destinés à répondre aux besoins du bénéficiaire.

Tous ces participants à la réunion du plan de services doivent faire preuve, selon leurs capacités individuelles, d'une analyse objective des faits qui implique de voir tous les problèmes sans les fuir, de lutter contre les habitudes et les routines et d'avoir le courage de décider. En termes d'habiletés, les participants doivent démontrer une bonne capacité d'écoute, une discipline personnelle tout en restant naturels, chercher à comprendre les autres et défendre leurs opinions. Par dessus tout, le participant consciencieux doit pouvoir oser changer d'avis sans avoir peur de perdre la face devant les autres membres. Le fonctionnement harmonieux de l'équipe du plan de services dépend grandement de certains facteurs structuraux propres à la dynamique de tous les groupes restreints. La plupart des auteurs qui se sont intéressés au phénomène de la groupalité[2], tels Bales (1950), Shaw (1981) et plus récemment Wood *et al.* (1986) ainsi que De Sephen et Hirokawa (1988), semblent présenter une même conception englobante du groupe. Il en va de même des points de vue similaires des auteurs à propos des comportements d'aide des membres de l'équipe de travail de type équipe du plan de services. Nous pourrions énumérer ainsi les principaux comportements d'aide:

- **Les membres**
  — interagissent entre eux;
  — influencent les autres membres et sont influencés par eux;
  — subordonnent leurs intérêts à ceux du groupe;
  — se reconnaissent entre eux;
  — ont des relations face à face;
  — coopèrent entre eux;
  — se regroupent par affinités;
  — sont motivés par la tâche;
  — se perçoivent comme un groupe;
  — agissent de manière unifiée.

L'analyse de la liste des comportements d'aide, tirée des écrits des auteurs en dynamique de groupe, montre qu'il y a des points de convergence qui permettent de signifier l'ensemble de ces comportements. Ainsi, plusieurs énoncés de la liste font ressortir que l'ensemble des membres du groupe sont dépendants les uns des autres, dans l'atteinte de leur objectif commun, puisqu'ils s'interinfluencent dans leurs échanges mais aussi dans leur devenir individuel et groupal.

Il apparaît aussi que les membres de l'équipe de travail doivent d'abord percevoir leurs affinités réciproques, leur adhésion au but commun et leur vécu commun avant que l'on puisse appeler «groupe»

---

2   En anglais, Shaw (1981) utilise le terme Groupness, ce qui laisse présumer d'une entité réelle et entière.

l'équipe du plan de services. Les perceptions et les attitudes des membres influencent la coopération dans l'équipe, la reconnaissance de leur statut individuel, la solidarité et la motivation envers la tâche à accomplir. Ces attitudes et ces perceptions positives qui facilitent la mise en commun des ressources de chacun se traduisent par des comportements d'aide interactifs que les membres manifestent les uns envers les autres.

Les membres de l'équipe du plan de services interviennent spécifiquement par des échanges à propos des informations concernant la tâche qui leur est dévolue. Ces échanges se traduisent plus particulièrement par des questions et des commentaires à propos des bilans des acquisitions et du projet de plans d'interventions destinés à la personne. Les échanges de ce type permettent de travailler directement au contenu du plan de services.

La manière dont le contenu est traité fait aussi l'objet des interventions de la part des membres durant les réunions du plan de services. Ces interventions servent d'une part à clarifier les règles et les techniques de discussion et, d'autre part, à préciser les rôles (animation, secrétariat, coordination et autres) assumés par les participants. Les interventions à propos de la procédure à suivre sont fonction de la tâche et devraient servir à soutenir efficacement les discussions sur le contenu du plan de services.

Cependant les interrelations entre les membres ne sont pas uniquement objectives et rationnelles. Elles transmettent également une charge émotive propre aux participants mais sans lien apparent avec le but poursuivi par l'équipe. Par ces occasions, les membres manifestent leurs réactions émotives ou affectives (de solidarité, de rejet, d'agressivité, etc...) envers les autres membres. Les réactions positives, en quantité raisonnable, peuvent soutenir le climat de l'équipe et ainsi aider à la résolution de la tâche. Au contraire, les interventions négatives, c'est-à-dire celles qui ne facilitent pas l'atteinte du but, ralentissent les discussions de fond, provoquent des apartés qui retardent, rendant même impossible, la prise de décision.

Le coordonnateur

Le choix de la personne qui agira à titre de coordonnateur est à la fois délicat et important. Cette personne aura à vérifier la réalisation des plans et voir à ce que la personne reçoive les services dans le respect de ses droits. Idéalement, la personne elle-même devrait pouvoir assumer ce rôle central. Dans le cas d'un enfant, ce sont les parents que l'on devrait d'abord choisir pour un tel rôle. D'une manière ou d'une autre, ce participant devra avoir l'appui de tous les membres de l'équipe avant le début de son travail.

À la réunion du plan de services, le coordonnateur présente la personne en faisant ressortir ses forces et ses besoins. À titre de membre de l'équipe du plan de services, le coordonnateur assume un rôle important puisqu'il contribue à la précision des besoins de la personne, au choix et à la formulation des objectifs prioritaires. Il participe au travail d'équipe en donnant son avis, s'il y a lieu, sur l'orientation de la personne dans l'utilisation des ressources communautaires.

Entre les réunions, le coordonnateur est aussi un participant important pour le bénéficiaire. C'est lui qui dresse le bilan de la situation avec le bénéficiaire en faisant le point sur les services reçus et les besoins exprimés. Le coordonnateur aide la personne à se préparer à la réunion du plan de services et propose aux membres de l'équipe le moment choisi pour tenir la prochaine révision du plan de services.

Enfin, le coordonnateur s'assure que les évaluations et les services ne soient pas limités aux ressources dont disposent, à ce moment-là, les établissements, mais plutôt en rapport direct avec les besoins de la personne concernée.

△ 5.5 *Les processus dynamisants en jeu*

La communication

La communication est aussi une dimension importante du fonctionnement de l'équipe du plan de services. Amado et Quittet (1975) incluent même la nécessité de la présence de cette dimension pour reconnaître à un rassemblement de personnes le statut de groupe: *communication directe, prise de conscience d'une finalité commune et mise en oeuvre d'une organisation pour faire aboutir le projet* (p. 84).

La communication directe entre les membres du plan de services ne s'alimente pas d'elle-même. Elle a besoin de puiser à des sources extérieures à l'équipe. Mucchielli (1982) en constate la nécessité lorsqu'il observe les petits groupes d'apprentissage.

> «Les coéquipiers disposent de sources d'information extérieures et le travail consiste à les citer, à les cumuler, à les mettre en commun, à les assimiler. Le groupe peut inventer ses méthodes optimales de travail, de classification, de présentation. Il n'invente pas d'autres contenus que ceux des informations disponibles» (p. 62).

Dans l'équipe du plan de services, les bilans d'acquisition, la perception des parents ou des familiers à propos de la qualité de vie de la personne sont des exemples de sources d'informations extérieures qui facilitent les échanges entre les membres et, de manière ultime, la prise de décision.

S'il convient que les membres soient alimentés par de nombreuses sources extérieures pour enrichir le contenu de la communication, il est toutefois préférable que le nombre de liens de communication entre les membres soit restreint. En effet, plus les lignes de communication sont nombreuses, plus le nombre de messages est grand et plus il devient difficile de maintenir l'efficacité des interactions. Il semble d'ailleurs, selon les études recensées par Shaw (1981), que cette relation existe aussi entre le nombre de liens de communication et les réactions d'entraide. De même, le trop grand nombre de liens de communication entre les membres influence, à la baisse, la performance collective en regard de la tâche.

Quatre conditions du maintien de la communication semblent faire consensus chez les auteurs:

- la communication doit être directe d'un membre à l'autre;
- les membres ont des sources d'informations extérieures;
- chaque membre a une portion de la communication totale;
- le groupe maintient un petit nombre de liens de communication.

La communication demeure aussi le meilleur instrument de contrôle de l'équipe du plan de services. Par la communication médiatisée, en raison des codes et des normes d'interprétation propres au groupe, le groupe contrôle l'interprétation des messages en subordonnant le sens des informations aux catégories de langages qu'il a choisies pour lui-même. Par les échanges de coopération et de négociation, les membres établissent le sens des concepts qui les aideront à atteindre leurs objectifs. À titre d'exemple, l'équipe précise pour elle-même dans le plan de services ce qu'elle comprend par besoins de la personne, objectifs à atteindre et mode d'évaluation. Certaines équipes préfèrent même se doter d'un modèle uniforme de plan de services pour faciliter la compréhension. Par ce biais, les membres de l'équipe se dotent d'une façon de travailler ensemble, de distribuer la parole et même d'exprimer leurs aspirations en tant que membres de l'équipe.

La communication médiatisée par les normes et les codes de l'équipe est alors l'expression naturelle de toute l'équipe dans sa tendance à la conformité, c'est-à-dire à l'acceptation par ses membres de la réalité telle que perçue et définie par l'équipe. Comme le mentionnait Douglas (1983 : 70), *le système de communication reflète la structure sociale d'un groupe.*

Les réseaux de communication

Dans la pratique des équipes du plan de services, comme dans le fonctionnement des autres groupes restreints d'ailleurs, la communication est structurée sous forme de réseaux plus ou moins complexes qui gouvernent la circulation des échanges entre les membres. Ce sont les échanges dans l'équipe qui font naître les "patterns" que les auteurs en communication appellent les micro-réseaux de communication.

D'ailleurs Shaw (1964 : 113), identifie généralement 23 configurations de micro-réseaux de communication dans les groupes restreints, regroupés selon le nombre de personnes directement impliquées dans la communication. Ces réseaux tiennent compte de la position des personnes et de la direction des échanges.

La connaissance de l'existence de ces réseaux est aussi importante pour l'équipe du plan de services que la loi générale qui s'applique à ceux-ci et que Mucchielli (1982 : 58) énonce ainsi :

> « Le type de réseau affecte le comportement des participants, surtout en ce qui concerne la précision, l'activité globale, la satisfaction; et au niveau du groupe, le type de réseau détermine le rôle de leader ainsi que l'organisation du groupe. »

Cette conclusion de l'impact des micro-réseaux fait suite notamment aux travaux de Cohen (1962) et de Lawson (1965) qui démontraient qu'une personne qui occupe une position centrale avec plusieurs lignes de communication est plus satisfaite d'elle-même qu'une personne qui occupe une position périphérique. Ainsi la motivation de l'équipe du plan de services qui dépend de la satisfaction de ses membres est plus élevée dans un réseau décentralisé où les informations peuvent circuler librement.

Le micro-réseau décentralisé de type "all-channel" favorise la résolution de tâches complexes, comme celles liées à la planification et à la programmation du plan de services. En contrepartie, le réseau centralisé, comme celui en forme de chaîne, est plus efficace pour les tâches simples. De plus, certains auteurs comme Shaw et Rothschild (1956) croient qu'une personne qui occupe une position centrale dans un réseau a plus de chance de devenir le leader du groupe. Ce phénomène serait dû aux informations disponibles à cette position et à la possibilité de mieux coordonner les activités de l'équipe à partir d'une position centralisée. Il peut alors s'avérer important de tenir compte de cette présomption dans le choix du coordonnateur du plan de services.

La qualité des messages est assurée si les membres de l'équipe surmontent certains obstacles, tels ceux dressés au tableau 5.2.

OBSTACLES À LA COMMUNICATION	COMPORTEMENTS QUI NUISENT À LA COMMUNICATION DANS L'ÉQUIPE
1. Perception et rétention sélective du récepteur;	- semble comprendre seulement les parties du message qui lui conviennent;
2. Redondance du message;	- répète souvent les mêmes informations;
3. Distorsion du message;	- ajoute des éléments subjectifs et émotifs aux faits (amplifie ou amenuise les faits);
4. Bruit dans la communication;	- pense à ses problèmes personnels et professionnels durant la réunion;
	- frappe souvent son crayon sur la table;
5. Surcharge des informations;	- énonce ses idées de manière compliquée;
6. Sous-charge des informations;	- donne trop peu d'information pour faire comprendre ses idées;
7. Dissonance cognitive des membres;	- ne tient pas compte, dans ses énoncés, des valeurs morales et sociales des autres membres;
8. Censure du message;	- tait une information importante pour l'équipe mais jugée inconvenante;
9. Interprétation du message;	- ramène tout à sa propre expérience;
10. Discordance entre le verbal et le non-verbal;	- affirme son intérêt pour l'équipe sans jamais proposer ses services;
11. Compétition entre les membres;	- s'octroie souvent les bonnes idées émises;
12. Hétérogénéité culturelle et sociale des membres;	- donne des exemples, incompréhensibles par certains membres, à l'appui d'une explication;
13. Disposition spatiale;	- s'assoie avec les autres praticiens comme lui en laissant les «bénévoles» ensemble.

TABLEAU 5.2

Obstacles et comportements qui nuisent à la communication.

L'utilisation du feedback

Le feedback consiste à mesurer le degré de réception, d'adaptation et d'intégration du message émis. Il permet aussi à celui qui communique de vérifier s'il y a des obstacles à la communication et de s'assurer ainsi de la continuité de la transmission des messages.

L'utilisation du feedback comme moyen de vérification de la qualité des communications dans l'équipe du plan de services ne fait pas de doute. L'hétérogénéité professionnelle des membres de l'équipe, les divers degrés de connaissance des besoins (affectif, social, physique, psychologique, etc.) de la personne et la méconnaissance des termes techniques par certains membres non-praticiens devraient inciter l'équipe du plan de services à utiliser fréquemment les mécanismes de feedback. Trois moyens peuvent être utilisés à cet effet:

- interroger le membre récepteur du message sur sa compréhension des informations reçues;

- susciter les questions et commentaires des membres de l'équipe;

- décoder les signes non verbaux comme les regards, les mimiques ou les mouvements collectifs des membres.

Il est important de se rappeler que les indicateurs concernant l'interaction comme les mimiques, le regard et l'intonation de la voix informent sur les sentiments ou le degré d'intérêt des membres envers les autres ou envers la tâche. Le décodage des indices non verbaux permet d'éviter de vérifier le consensus de l'équipe de manière verbale et de sauver souvent du temps et des longueurs dans la discussion.

La cohésion

Dans l'équipe du plan de services, l'attraction mutuelle entre membres est de première importance. Par cette force attractive, il est possible d'observer jusqu'à quel point les membres s'acceptent et s'entraident. En fait, plus je me sens valorisé par mon adhésion à l'équipe, plus je favorise la cohésion de l'équipe.

Une forte cohésion entraîne des effets positifs sur les membres de l'équipe: les membres montrent généralement un moral élevé et un fort sentiment de satisfaction. Ces retombées sont importantes puisqu'elles motivent les membres à accomplir avec plus de soin les actions ultérieures.

La cohésion dans l'équipe du plan de services augmente aussi le sentiment de sécurité et la valorisation personnelle des membres. Nul doute que les perceptions individuelles positives transmises aux autres ont pour effet d'entraîner une perception de soi plus valorisante. Dans le feu de l'action, lors de l'actualisation des plans d'intervention, la confiance ainsi établie incitera les membres à résoudre leurs désaccords ou à s'entraider devant un obstacle.

Il y a maintenant plus de 20 ans, les chercheurs Julian, Bishop et Fielder ont également montré que la cohésion influence directement et de manière positive l'estime de soi des participants à un groupe de travail et permet à ceux-ci de se sentir plus libres de parler d'événements plus personnels et d'exprimer leurs émotions. Cet aspect positif de la cohésion renforce, de manière tangible, les actions en vue de valoriser le rôle social de la personne déficiente intellectuelle. Particulièrement ouverte pour exprimer son vécu dans une ambiance sécurisante, la personne déficiente intellectuelle réagit positivement dans une équipe cohésive.

Quelques conditions devront cependant être présentes pour assurer que les membres ressortent plus enrichis de l'expérience de groupe. Comme l'ont démontré Lieberman, Yalom et Miles en 1973, les membres valorisés sont ceux qui :

- acceptent, en se joignant à la vie de l'équipe, l'idée qu'ils pourraient se sentir désorientés et qu'un effort de leur part est nécessaire pour changer ;

- comprennent le sens des réactions émotives des autres et sont capables d'y donner une interprétation ;

- sont guidés dans leurs interactions avec les autres par un animateur capable de contrôler le déroulement de la réunion sans toutefois affecter la qualité des débats.

Le rôle de l'animateur est donc primordial pour éviter l'échec de son équipe, même si elle montre des signes évidents de cohésion.

L'animateur devra toujours s'inquiéter de l'apparition des symptômes suivants dans les réunions qu'il dirige:

- les discussions sur les services ou les ressources se limitent presque toujours à un nombre minimal de possibilités. Le choix final revient souvent à ce que les membres, particulièrement les praticiens, souhaitaient au commencement de la rencontre;

- les membres de l'équipe formulent très peu de commentaires négatifs sur les services et les ressources qui pourraient porter atteinte à l'un d'entre eux;

- l'équipe du plan de services évite de demander conseil à l'extérieur d'un micro-environnement qu'elle contrôle bien. Lorsqu'elle y est obligée, elle ne garde que les opinions qui renforcent sa position initiale.

Irving Janis (1969) explique que ces symptômes, qui se traduisent par des comportements qui nuisent à l'efficacité des décisions, sont une tendance naturelle de l'équipe vers une seule et même pensée de groupe ("groupthink"). Cette pensée groupale dévore les jugements réalistes en regard des autres choix d'action.

Le consensus

Le consensus est un terme qui porte souvent à confusion et qu'on utilise à tort comme synonyme de cohésion. La plupart des auteurs dans l'étude des groupes abordent le consensus comme le produit de la discussion de travail. Plus spécifiquement, le consensus peut être aussi perçu comme l'état final des sentiments des membres de l'équipe.

Obtenir un consensus à la suite de discussions ne signifie pas que les membres ne peuvent manifester des réserves à l'égard de ou des décisions prises par l'équipe. Le consensus signifie plutôt que les participants sont d'accord avec les décisions prises, en toute connaissance de causes et de conséquences. Après la réunion, aucun membre de l'équipe n'ira à l'encontre de la décision prise par l'équipe.

Les dimensions du consensus[3]

Aujourd'hui, à partir des résultats des recherches de De Stephen et Hirokawa (1988), nous pouvons distinguer cinq dimensions importantes que recouvre l'appellation consensus: 1) l'accord avec la décision de l'équipe, 2) l'engagement face à cette décision, 3) la satisfaction face à la décision, 4) la satisfaction face à la participation individuelle dans la prise de décision et 5) la satisfaction face au processus de prise de décision.

L'accord et la satisfaction en regard de la décision prise supposent que les membres ont le sentiment qu'ils sont parvenus à la bonne décision et que cette décision est appropriée compte tenu des circonstances. Les membres appuient la décision finale à propos de laquelle ils ont l'intention de consacrer des efforts afin que la décision se réalise parce qu'ils croient que c'est la meilleure décision possible.

L'engagement face à la décision prise suscite chez les membres un sentiment de complicité envers le travail et le choix des autres membres. Comme membre de l'équipe, face à cette décision, j'ai l'impression d'avoir apporté une contribution importante.

La satisfaction face à la participation individuelle dans la prise de décision se manifeste par le sentiment que chaque membre a l'impression d'avoir participé pleinement lorsqu'il le désirait. Lors de ses interventions, le membre avait la nette impression d'être écouté et apprécié par les autres.

La satisfaction face au processus de prise de décision fait référence à la manière dont les membres de l'équipe abordent leur tâche. Les membres ont un sentiment positif élevé lorsque la tâche à accomplir est structurée, que l'équipe a pu accomplir ce qu'elle voulait faire et que les techniques de prise de décision étaient efficaces.

---

3   Le chapitre portant sur *L'évaluation de la réunion du plan de services* explique avec force et détails l'utilisation, sous forme de questionnaire, des cinq dimensions du consensus.

On constate donc que le succès d'un groupe de prise de décision, c'est-à-dire l'équipe du plan de services, est souvent et fortement déterminé par l'importance des sentiments positifs des membres du groupe envers la décision. Une équipe efficace est celle qui apprécie les solutions retenues, supporte la décision finale ou fait en sorte que tous ses membres adhèrent aux nouvelles orientations de l'équipe.

Dans la pratique courante, l'animateur peut caractériser le consensus selon les trois étiquettes distinctives suivantes: artificiel, résigné et libre.

Le consensus artificiel est habituellement obtenu par manipulation, par pression de l'équipe ou de l'animateur. Le sentiment de satisfaction des membres est faible et peu durable. L'animateur doit fuir ce type de consensus issu d'une direction autocratique.

Le consensus résigné se caractérise par le sentiment des membres qu'ils n'ont pu faire mieux que ce qu'ils ont fait faute de temps, de moyens et de compétence. Il n'entraîne personne à l'action mais, contrairement au consensus artificiel, il n'a pas non plus d'effet très négatif.

Le consensus libre est celui qui doit être recherché par l'animateur et tous les membres de l'équipe. Il est ressenti par l'équipe comme un sentiment de réalisation de soi. Il est surtout et avant tout, le sentiment d'avoir adhéré librement et efficacement aux travaux de l'équipe et d'être fier de la réalisation commune.

△ 5.6 *En résumé*

L'équipe du plan de services a évolué depuis le début de la prestation des services organisés aux personnes déficientes intellectuelles. De l'équipe unidisciplinaire jusqu'à l'équipe transdisciplinaire, les interventions professionnelles se sont de plus en plus articulées les unes par rapport aux autres.

L'équipe du plan de services est un groupe restreint, hétérogène à plusieurs égards, notamment au plan des représentations corporatives, des services diversifiés offerts et du statut des membres. Cependant, les retombées du travail en commun sont évidentes: support à la personne, acquisition d'habiletés pour le travail communautaire, planification plus réaliste des interventions et ouverture constante d'un réseau de communication entre partenaires d'un même système de services.

L'équipe est composée de toutes les personnes directement concernées par le plan de services: la personne, ses parents s'il y a lieu, les intervenants et le responsable de la ressource d'hébergement, comme la famille d'accueil par exemple. Les membres de l'équipe doivent assumer quatre rôles importants lors des réunions et du suivi: l'animation, l'aide à la personne et à sa famille s'il y a lieu, le secrétariat et la mise en oeuvre du plan de services.

La communication jouera un effet dynamisant sur la cohésion et le consensus qui, à leur tour, pourront servir d'indicateurs à propos de la probabilité que tous les membres passeront à l'action après la réunion du plan de services.

PRINCIPALES RÉFÉRENCES

AMADO, G. et A. QUITTET (1975). *La dynamique des communications dans les groupes.* Paris: Collin.

AUBRY, J.M. et Y. ST-ARNAUD (1975). *Dynamique des groupes.* Montréal: Les Éditions de l'Homme.

BALES, R.F. (1950). *Interaction Process Analysis: A Method for the Study of Small Groups.* Cambridge , Mass.: Addison-Wesley.

COHEN, A.M. (1962). Changing Small group Communication Networks. *Administrative Science Quarterly, 6,* pp. 443-462.

COTÉ, R., PILON, W. *et al.* (1989). *Guide d'élaboration des plans de services et d'interventions.* Québec: Université Laval, faculté des sciences de l'Éducation.

DE STEPHEN, R.S. et R.Y. HIROKAWA (1988). Small Group Consensus: Stability of group support of the Decision, Task Process, and Group Relationships. *Small Group Behavior, 12, 2,* pp. 227-239.

JANIS, I.L. (1968). *Group Identification Under Conditions of External Danger.* Extrait de D. Cartwright et A. Zander, *Group dynamics: Research and theory.* New-York: Harper & Row, éditeur.

JULIAN, J.W., BISHOP, D.W., et F.E. FIELDER (1966). Quasi-therapeutic Effects of Intergroup Competition. *Journal of Personnality and Social Psychology, 3,* pp. 321-327.

LAWSON, E.D. (1965). Change in communication nets, performance, and morale. *Human Relations, 18,* 139-147.

LIEBERMAN, M.A., YALOM, I.D. et M.B. MILES (1973). *Encounter groups.* First facts. New-York: Basic Books.

LOOP, B. et W. Hitzing (1973). *Individual planification Program.* Rapport de travail déposé au Dévelopmental Disabilities Office de l'Etat du Kansas.

MUCCHIELLI, R. (1982). *Les méthodes actives dans la pédagogie des adultes.* Paris: Entreprise moderne d'édition.

Pelletier, J. *et al.* (1988). *Rapport à la commission administrative sur l'élaboration et l'application des plans de services.* Conseil régional de la santé et des services sociaux de la région de l'Outaouais.

SHAW, M.E. (1981). *Group Dynamics: The Psychology of Small Group Behavior.* New-York: Mc Graw-Hill.

SHAW, M.E. et G.H. ROTHSCHILD (1956). Some Effects of Prolonged Experience in Communication Nets, *Journals of Applied Psychology, 40,* pp. 281-286.

CHAPITRE 6

Être parents et participer

par **André Lapointe**

Lorsque les parents décrivent la cruauté des autres à leur égard, beaucoup, dans leur malheur, révèlent leur propre perception amère et culpabilisée d'eux-mêmes. Mais cette perception se modifie graduellement à travers les jugements positifs et valorisants des autres membres du groupe.

MANDELBAUME (1970)

L es orientations du MSSS sur les plans de services placent la personne et son représentant au centre de la démarche. Fondées sur un respect authentique de leurs droits comme personne à part entière, ces nouvelles positions définissent des rôles exigeants pour la personne et son représentant. Ceux-ci seront impliqués à toutes les étapes de la planification, auront accès à toute l'information disponible, seront soumis à des procédures de consentement formel, devront juger de la conformité des services reçus en fonction du plan établi et pourront, s'ils sont insatisfaits, entreprendre des procédures pour rectifier la situation. L'objectif collectif est grand et généreux: offrir aux personnes présentant une déficience intellectuelle toutes les opportunités qui leur permettent de bénéficier d'une qualité de vie satisfaisante.

Pour les personnes qui ont une déficience intellectuelle, il s'agit d'un pas en avant substantiel. Le premier déterminant de la qualité des services est certainement le mécanisme qui assure que celles-ci soient orientées *d'abord* en fonction de leurs besoins. Peu importe, en effet, la masse monétaire, la technologie disponible, les objectifs déclarés, on a souvent observé que les structures de services ne produisent pas les résultats escomptés pour les consommateurs de services.

Il ne suffit cependant pas d'ouvrir la porte à la personne ou à son représentant pour être assuré des résultats. Les rôles proposés exigent de nombreuses compétences: connaissance de la personne, du jargon du milieu, des grandes lignes des théories de plusieurs professions (éducation, psychologie, médecine, etc.), de la dynamique des groupes et des organisations, des relations interpersonnelles. De façon plus fondamentale encore, le mécanisme du plan de services contribuera à améliorer la qualité de vie des personnes qui ont une déficience intellectuelle dans la mesure où ces personnes (ou leur représentant) l'utiliseront, où elles affirmeront quotidiennement leurs droits et où elles exigeront qu'on réponde à leurs besoins.

L'institutionnalisation n'étant plus la règle, les parents assument d'une façon générale la garde de leur enfant. La présence d'un handicap les placera souvent très tôt dans une position où ils doivent prendre des décisions lourdes de conséquences pour la vie de leur enfant. Plus le handicap sera grave, plus ces décisions seront précoces, nombreuses et déterminantes. Jusqu'à la majorité, ils devront assumer ce rôle important, sans bénéficier de modèles sociaux éprouvés pour guider leurs choix. Une fois franchi ce cap des dix-huit ans, plusieurs demeureront le représentant légal de leur enfant. Même dans le cas où le jeune adulte assume ses propres choix, les parents restent souvent des accompagnateurs ou des conseillers privilégiés.

Les énoncés de valeurs sur la place des parents dans la prise de décision sont nombreux (PL 94-142; 1974; ministère de la Santé et Services Sociaux, 1989, ministère de l'Éducation, 1978). Les données scientifiques sont plus rares. Nous tenterons ici de répondre aux trois questions suivantes: qui sont ces parents qui sont appelés à prendre une part importante à la démarche de plan de services, comment faciliter la tâche à chaque étape du processus et quels sont les éléments constitutifs d'un programme de formation à l'intention des parents.

△ 6.1 Les parents d'un enfant déficient intellectuel

Une part importante de la littérature touchant les réactions des parents à la naissance ou à l'apparition d'une déficience intellectuelle chez leur enfant est de nature subjective. On y retrouve plusieurs contradictions et beaucoup de variétés. Quelques auteurs ont tenté de dégager un cheminement émotif général. Love (1970) mentionne un état de choc initial, la négation, la culpabilité, l'amertume, l'envie, le rejet et l'ajustement. D'autres ont identifié des phases semblables (Cansler et Martin, 1974; Robinson, 1970; Robinson et Robinson, 1965; Weber, 1974). Dans les cas où la déficience intellectuelle est particulièrement grave, le cheminement des parents peut même ressembler à un deuil (Kubler-Ross, 1969).

Une étude menée par Farber (1959) indique que l'impact de la naissance d'un enfant qui a une déficience intellectuelle grave est important et est souvent associé à des problèmes maritaux et au besoin de support social. Blacher, Nihira et Meyers (1987) ont fait une étude comparative de l'impact sur l'environnement familial des personnes ayant une déficience intellectuelle. Ils ont découvert que plus la déficience intellectuelle est grave, plus l'impact est important au plan de l'ajustement familial et de la vie quotidienne. Une des données intéressantes est que l'impact sur l'ajustement familial tend à diminuer avec l'âge lorsque la déficience intellectuelle est moins grave, ce qui n'est pas le cas lorsque la déficience intellectuelle est plus importante. Les résultats obtenus avec l'échelle *Family Environment Scale* de Moos et Moos (1983) indiquent que les familles qui ont un enfant qui présente un handicap intellectuel ont des scores plus bas sur près de la moitié des échelles. L'étude de Blacher, Nihira et Meyers (1987) démontre l'impact important de la déficience intellectuelle sur l'harmonie familiale.

Au plan social, certains parents réagissent en s'isolant et en se centrant sur leurs propres problèmes. Plusieurs font preuve de disponibilité pour aider d'autres parents et pour entreprendre des actions collectives en vue d'atteindre des objectifs qui leur paraissent importants.

Le cheminement de plusieurs parents ressemble plus à une alternance entre des sentiments de refus et l'acceptation qu'à une évolution en stades séquentiels. Leur attitude répond davantage aux conditions du moment qu'à un processus de type développemental.

La présence de stress dans les familles qui comptent un enfant ayant une déficience intellectuelle de développement a été documentée amplement (Bristol, Schopler et McConnaughey, 1984; DeMyer, 1979; Tew, Peyne et Laurence, 1974; Donovan, 1988 et Minnes, 1988). Il semble que la quantité de stress vécu dans la famille soit fonction de la déficience intellectuelle rencontrée et de l'âge de l'enfant. Il appert que la composante «détresse» qui lui est reliée est attribuable aux habiletés d'adaptation familiale.

La collaboration avec les organismes fournisseurs de services et les professionnels est une expérience qui marquera les parents. Tomlinson (1982) brosse un tableau dans la perspective sociologique de cette relation. Elle déclare que l'idéologie même de l'expertise professionnelle nie la compétence parentale. Selon elle, les professionnels placeraient les parents d'enfants déficients intellectuels parmi les moins compétents. Leur besoin d'aide et de services professionnels est si souvent souligné, que les parents finissent par accepter ce besoin sans le remettre en question. Si on considère en plus, le stigma généralement associé au handicap et à la déficience intellectuelle en particulier, il n'est pas surprenant de constater que les professionnels considéreront les parents d'enfants handicapés comme peu compétents et qu'ils seront peu portés à les consulter et à les considérer comme partenaires à part égale. (Thomlinson, 1982)

Tomlinson (1981) a étudié les perceptions des parents de quarante enfants qui fréquentaient une école spécialisée. De façon générale, les parents ne se sentaient pas suffisamment informés des jugements et des décisions concernant leurs enfants. Les handicaps et les besoins de leurs enfants ne leur étaient pas expliqués dans un langage suffisamment accessible. Ils se sentaient bousculés par un système complexe. Même les parents qui demandaient de l'aide ressentaient de l'indifférence de la part des professionnels.

Simpson (1982) reprend ce thème. Il semble que l'une des étapes les plus importantes touche la façon d'annoncer aux parents que leur enfant a une déficience intellectuelle. Les parents ont souvent reproché aux professionnels leur manque d'habileté dans ce domaine.

Bouchard (1987) poursuit cette analyse. Il assimile la tradition professionnelle en matière de relation avec les parents à un impérialisme professionnel sur les «familles». Les parents depuis quelques années ont réagi à cet impérialisme en se regroupant dans diverses structures dont les buts avoués sont de développer de nouveaux modes de collaboration avec les professionnels. Bouchard constate que cette attitude autoritaire de la part des professionnels a créé chez les parents un sentiment d'incompétence par rapport aux tâches éducatives assumées auprès de leurs enfants et encore davantage auprès de l'enfant qui présente des difficultés d'adaptation ou d'apprentissage.

La vie quotidienne sera souvent plus complexe lorsque l'un des enfants présente une déficience intellectuelle. Plusieurs aspects sont touchés directement. On peut en énumérer quelques-uns. D'abord, il y a les modifications à l'architecture. Bien que certaines de ces modifications soient facilitées par les organismes publics, ce n'est pas toujours le cas.

De plus, les démarches nécessaires sont encore longues et difficiles. Certains enfants présentent des problèmes de comportement qui modifient les habitudes familiales; certaines sorties sont difficiles; recevoir des amis nécessite une planification particulière; trouver une nuit de sommeil complète peut être une exception. Il peut se révéler difficile de s'assurer les services d'une gardienne stable qui acceptera l'enfant et qui aura la disponibilité voulue. Bien sûr, il n'en va pas ainsi de tous les enfants, mais comme Lacroix (1988) l'a décrit, l'intégration communautaire et familiale d'enfants qui ont des déficiences intellectuelles graves peut imposer des tensions extrêmement fortes aux parents et à la famille.

> «Des parents qui n'ont pas dormi une nuit complète depuis des années. Qui ne se souviennent même pas d'avoir déjà eu des vacances ou un petit souper à deux. Des parents qui n'ont plus le temps de s'occuper de leurs autres enfants. Qui n'ont plus d'amis. Des parents qui ont 25 ou 65 ans et qui vivent avec un bébé de 6 mois ou de 35 ans. Ils doivent alors se faire médecin, infirmière, ergo ou physiothérapeute, être présents 7 jours sur 7, 24 heures sur 24, pour lever, habiller, nourrir, surveiller, divertir et transporter un enfant qui ne pourra peut-être jamais le faire lui-même. Ce sont les parents d'enfants handicapés. Ces parents-là crient maintenant à l'aide. Parce qu'ils n'en peuvent plus. Parce que la tâche leur est trop lourde. Parce que la société qui leur avait promis de les aider les a abandonnés à eux-mêmes.»

 ## 6.2 *Recommandations aux professionnels*

Nous venons de brosser à grands traits un tableau de la situation des parents dans le système de service général pour les personnes qui ont une déficience intellectuelle. Ce tableau n'a pas la prétention d'être complet mais il met en évidence certains éléments significatifs par rapport à la tâche particulière que constituent les plans de services individualisés. Nous allons tenter, dans les pages qui suivent, de tirer les principales leçons de cette analyse en ce qui concerne la tâche des intervenants et des professionnels.

Le développement d'une relation de partenariat avec les parents constitue une condition essentielle de succès pour atteindre les grands buts d'intégration sociale et de valorisation des rôles. La qualité de la démarche, la valeur même du plan reproduit dépendent non seulement des étapes immédiates du processus, mais elles reflètent surtout la qualité générale de la relation entre les divers partenaires, notamment entre les parents (ou la famille) et les organismes qui fournissent ces services.

C'est dans cette perspective que se situe la première de nos conclusions: le développement d'une relation de partenariat avec les parents. Nous reprenons ici essentiellement l'analyse de Bouchard (1987). Nous avons décrit plus haut le modèle traditionnel «autoritaire» de relation des professionnels face aux parents et à la famille et nous avons décrit brièvement les sentiments d'incompétence et l'opposition organisée que les parents avaient mis sur pied face à cette attitude.

Bouchard (1987) campe deux positions opposées face à ces demandes plus structurées et plus insistantes de la part des parents. La première est identifiée comme une lutte de pouvoir et se caractérise par un repli des professionnels sur leur base de savoirs les plus solides et par une fermeture de plus en plus hermétique aux apports des parents dans la relation. L'autre, qui semble certainement plus productive, est celle du développement d'un partenariat. Ce nouveau modèle requiert que des professionnels se reconnaissent comme apprenant des parents, reconnaissent que ces derniers sont des partenaires nécessaires à leur réussite professionnelle. Il faut développer une relation de réciprocité où parents et professionnels apprennent les uns des autres, où chacun est nécessaire à la réalisation de l'autre. Ce modèle de partenariat se caractérise par un respect du professionnel pour les valeurs et les habitudes de la famille. Il se définit par une attention toute particulière apportée au savoir-faire des parents. L'une des préoccupations professionnelles dominantes dans ce modèle consiste à outiller les parents, à leur permettre la plus grande autonomie dans la gestion de l'éducation de leur enfant.

Quel sera l'impact d'une telle relation de partenariat sur les démarches du plan de services individualisé? L'impact premier devrait se faire sentir au plan de l'ouverture des parents. Ouverture d'abord à identifier et à communiquer les besoins réels de la personne et de sa famille à une équipe qui sera respectueuse et réceptive. Ouverture ensuite aux demandes et aux responsabilités à prendre qui découlent de la démarche du plan de services. L'habitude du respect aura rendu moins prioritaire le besoin de consacrer beaucoup d'énergies à protéger l'entité familiale ainsi qu'à protéger sa propre identité comme parent et comme adulte.

En second lieu, l'impact se situe au niveau de la capacité des parents. Une longue expérience de partage des apprentissages entre les professionnels et les parents fera de ceux-ci des partenaires en mesure d'assumer encore mieux leur rôle d'intervention dans le cadre du plan de services.

Comme nous l'avons vu dans la première partie, les parents d'enfants qui ont une déficience intellectuelle vivent toute une gamme d'émotions. Celles-ci se rattacheront non seulement à l'enfant et au handicap, mais aussi aux professions, aux structures et aux personnes qui s'y rattachent. Cette analyse nous amène donc à tirer une seconde grande conclusion: il est essentiel de développer une communication efficace entre parents et professionnels.

Une communication efficace doit pouvoir intégrer la partie émotive du contenu. Cette acceptation est importante parce qu'elle définira l'étendue et le niveau de communication. L'écoute active est une technique par laquelle le professionnel est capable d'identifier et de communiquer une compréhension de ce que les parents veulent communiquer et de ce qu'ils ressentent, y compris le message non verbal ou celui qui se cache derrière les mots. Elle constitue un outil de choix pour permettre aux parents de comprendre leurs propres sentiments face à leur enfant exceptionnel. Alors que ceux qui utilisent l'écoute active peuvent aider les parents à mieux se comprendre, ceux qui ne répondent pas à l'ensemble des contenus communiqués transmettront une attitude de distance et de manque d'intérêt. Les mécanismes par lesquels une écoute active permet de clarifier les émotions, de se centrer sur les éléments les plus importants et les plus vrais ont fait l'objet de nombreuses publications (Rogers, 1951; Karkhuff, 1969a, 1969b; Harris, 1967; Gordon, 1970). Il existe plusieurs méthodes d'apprentissage des techniques de l'écoute active (Gordon, 1970; Karkhuff, 1969a) qui peuvent permettre en un temps relativement court d'obtenir des résultats valables.

Une communication efficace doit pouvoir clarifier les contenus. Les parents communiqueront leurs besoins et ceux de leur enfant dans leurs propres termes. Souvent, leur formulation traduira leurs aspirations, leurs espoirs et leurs rêves en plus du besoin et de l'objectif spécifique et réaliste. On aura parfois tendance à rejeter ces premières formulations sous prétexte qu'elles sont irréalistes, qu'elles ne respectent pas la séquence développementale, que l'enfant n'a pas les prérequis, etc. Une approche plus productive consiste à préciser ces attentes, à décomposer en étapes accessibles le besoin à long terme, à tenter de cerner les manifestations quotidiennes des lacunes à combler. Dans une étude non publiée (Lapointe, 1987), nous avons analysé la pertinence des demandes parentales. Nous avions procédé à cette évaluation à la suite d'un estimé subjectif de la part d'enseignants, pensant que les demandes des parents touchant les objectifs à poursuivre avec leur enfant étaient souvent irréalistes. Moins de 50 % des besoins étaient retenus comme objectifs dans leur formulation initiale. Après une démarche de clarification auprès des parents, l'équipe pouvait répondre à près de 70 % de ces données.

Une bonne communication signifie aussi un souci constant de livrer les informations reliées à la démarche du plan de services de façon à être compris. Derrière le langage technique, les concepts sont parfois simples. Des décisions simples sont souvent le résultat d'un processus décisionnel qui a comparé les avantages et les inconvénients de plusieurs options. Si personne ne prend soin de résumer ce cheminement à l'intention des parents, ceux-ci risquent de ne pas comprendre la décision, de sentir qu'elle leur est imposée, de s'estimer bousculés par le système, comme ils le rapportent souvent.

Dans le cadre du processus du plan de services, il est possible que le diagnostic soit déterminé, précisé ou modifié. Même s'il n'est que mentionné, il est possible qu'il s'agisse d'une révélation pour les parents. Il y a, dans le concept même de diagnostic, les notions de cause et de pronostic. Dans le domaine de la déficience intellectuelle, certains diagnostics impliquent une cause spécifique (syndrome de Down), d'autres non (déficience légère). Quand à l'aspect pronostic, l'état des connaissances nous invite à nous montrer très prudents. Il suffit de relire, dans des publications moins récentes, les prévisions que l'on associait à divers diagnostics. À titre d'exemple, Kirk (1972) disait des enfants étiquetés «trainable mentally retarded»:

> «... l'enfant entraînable est celui qui n'est pas éduquable au point de réussir au plan académique, de s'adapter à la collectivité ou d'être autonome dans le monde du travail.»[1]

Un tel pronostic était erroné comme en témoignent de nombreuses personnes qui ont porté ce jugement et qui se sont ajustées tant à la collectivité qu'au monde du travail (Gaylord-Ross, 1989). Les effets négatifs d'une diminution des attentes ont été amplement documentés (Bandura, 1989; Rosenthal et Jacobson, 1968).

Au plan de la communication, il faut donc s'appliquer à définir clairement les termes utilisés, explorer les limites de ce qu'ils impliquent et décrire complètement les processus de prise de décision.

Nous avons établi qu'une relation de confiance se développera par la qualité de la communication. Un corollaire tout aussi important consiste à respecter sans exception le processus, le rôle central dans le choix des objectifs, dans la prise de décision, une adhésion au respect de ses droits comme personne.

 ## 6.3 *Préparation des parents*

Nous avons examiné jusqu'ici quelques-unes des caractéristiques qui décrivent les familles qui ont un enfant déficient intellectuel. Nous avons aussi décrit certains modes de relation entre les professionnels, les intervenants, les organismes qui dispensent des services et les familles, modes de relation qui devraient amener le niveau de collaboration nécessaire au bon déroulement du plan de services. Un de ces modes de collaboration se caractérise par une détermination à fournir aux parents et à partager avec eux le savoir qui est accessible aux professionnels. Dans cette perspective, un cours de quatre jours à l'intention des parents a été mis sur pied à l'Institut québécois pour la déficience mentale en 1989. Nous allons décrire brièvement ici les objectifs de ce cours ainsi que les principales notions qui sont abordées.

---

1   Traduction de l'auteur.

La démarche de ce programme vise six objectifs en particulier. Le tableau 6.1 nous les présente dans leur forme exhaustive.

---

1. Comprendre les valeurs, le processus et le document du plan de services.

2. Assumer tous ses rôles et ses responsabilités dans le processus de plan de services avec une attitude de détente et de collaboration.

3. Présenter la personne d'une façon valorisante, qui met l'accent sur ses points forts.

4. Identifier et communiquer à l'équipe les besoins de la personne et de son environnement.

5. Exercer une influence sur les participants à la réunion pour que le plan de services soit réellement centré sur les besoins de la personne.

6. S'assurer que les services proposés et dispensés répondent bien aux besoins de la personne et mettre en oeuvre les correctifs nécessaires, s'il y a lieu.

TABLEAU 6.1
Objectifs de formation des parents.

Ces objectifs touchent les habiletés très spécifiques à la démarche du plan de services, Les objectifs 4, 5 et 6 portent sur les rôles spécifiques des parents ou des accompagnateurs dans la démarche du plan de services, soit: 4) identifier et communiquer à l'équipe les besoins de la personne, 5) exercer une influence sur les participants à la réunion pour que le plan de services soit réellement centré sur les besoins de la personne et, 6) s'assurer que les services proposés et dispensés répondent bien aux besoins de la personne.

D'autres objectifs portent sur des aspects plus cognitifs, au plan de la compréhension. L'objectif 1 en particulier vise à faire comprendre les valeurs, le processus relié au plan de services et la documentation qui l'accompagne. Enfin, les objectifs 2 et 3 appartiennent au domaine des attitudes. Ils cherchent à développer précisément cette attitude de collaboration détendue qui nous semble si nécessaire pour que la démarche d'établissement d'un plan de services apporte les résultats visés. L'objectif 3 est à deux volets. Le premier vise le développement d'une attitude positive, centrée sur les forces, dans l'identification des besoins de la personne. L'autre touche aux habiletés qui leur seront nécessaires pour «exiger» une telle attitude de la part de tous les autres participants à la réunion et à la démarche du plan de services.

Ces six objectifs doivent être conçus comme des objectifs généraux. Ils ne seront pas poursuivis nécessairement dans l'ordre où ils apparaissent dans le tableau 6.1 et ne seront pas nécessairement associés à une seule activité dans la démarche de formation. Plusieurs activités intègrent l'un ou l'autre de ces objectifs de façon à fournir une expérience d'apprentisage qui cumule et intègre l'ensemble des compétences.

Le tableau 6.2 donne le plan général de chacun des cinq cours.

Le cheminement des cours suit de façon générale la démarche du plan de services. Le cours 1 sert d'introduction; les participants font connaissance, ils ont l'occasion de jeter un coup d'oeil général sur la démarche proposée et ils s'initient avec les concepts de plan des services et avec la démarche. Les cours 2, 3 et 4 reprennent, dans l'ordre, l'ensemble des opérations que les parents devront accomplir. Ces cours sont très «concrets»; les opérations à accomplir de la part des parents sont plus centrées sur le savoir-faire. Le cours 5 sert à évaluer la démarche de formation et devrait normalement se faire après la participation des parents au processus du plan de services.

COURS 1: *Introduction*

   1.1 Présentations.
   1.2 Qu'est-ce qu'un plan de services individualisé?
   1.3 Qui est impliqué?
   1.4 Comment ça se passe?

COURS 2: *Préparation du plan de la réunion du plan de services individualisé*

   2.1 Qui est la personne, quelles sont ses forces?
   2.2 Quels sont les besoins?
   2.3 Qui doit participer au processus?

COURS 3: *La réunion*

   3.1 Comment préparer sa participation?
   3.2 Déroulement de la réunion.
   3.3 Comment «passer» ses idées?

COURS 4: *L'assurance de qualité*

   4.1 Pourquoi assurer la qualité?
   4.2 Comment assurer la qualité?
   4.3 Cherchez les réussites.
   4.4 Quand ça ne va pas.

COURS 5: *Le suivi*

   5.1 Retour et évaluation de sa participation au processus de plan de services individualisé.

TABLEAU 6.2
Plan des cours.

Cours 1

Le premier cours permet d'explorer les deux concepts qui sont à la base de la démarche du plan de services. Le premier est celui de la valorisation des rôles sociaux. Ce concept est important parce qu'il permettra de juger de la qualité des besoins identifiés et des services proposés pour y répondre. On en explorera chacun des volets, soit le développement des capacités et l'amélioration de l'image sociale, en incitant les parents à appliquer ce nouveau concept à des besoins et à des services qui sont fréquemment discutés dans le processus de plan de services individualisé.

Le deuxième principe touche les droits fondamentaux de la personne et les principes directeurs de la politique d'intégration sociale. Il s'agit là d'une phase importante de la démarche, probablement la plus importante car l'évolution de la qualité des services a toujours été étroitement liée à l'affirmation par la personne et par ses parents de leurs droits fondamentaux. Pour ce faire, il faut non seulement connaître ses droits mais aussi être convaincus que ceux-ci doivent être respectés. Cette phase du cours peut susciter une certaine frustration chez les parents devant l'évidence de ces droits, devant les trop nombreux manques de respect de ceux-ci et devant les résistances anticipées et/ou vécues par les parents face au système. On voit même à l'occasion des parents remettre en question un certain nombre de leurs attitudes dans l'éducation de leurs enfants. L'animateur doit donc faire preuve de beaucoup de sensibilité: d'une part il doit pousser l'analyse et les remises en question jusqu'à ce que les parents aient une compréhension «appliquée» de ces droits et principes; d'autre part, il doit offrir le soutien nécessaire dans les cas où cet exercice provoque de fortes émotions chez certains parents.

Le deuxième volet de ce premier cours est plus factuel et consiste à décrire d'une façon précise la démarche générale du plan de services. Dans un premier temps, on étudiera les étapes qui précèdent la réunion (l'établissement d'un calendrier général et régional des réunions, le lancement de la planification du plan de services individualisé et la convocation proprement dite de la réunion). On présentera ensuite le déroulement général de la réunion: le début de la réunion, l'identification des besoins de la personne et de son milieu, la traduction de ces besoins en action et la planification de l'assurance de la qualité.

Cette description vise à donner aux parents une perception globale du processus de planification des services. Cette perception devrait leur permettre de rattacher chacun des éléments qui seront couverts plus en détail dans les cours 2, 3, et 4 aux grandes étapes de déroulement du processus. D'autre part, on doit aborder cette phase initiale de façon à permettre aux parents de percevoir leur rôle central dans cette démarche et d'adopter les attitudes de collaboration qui sont indispensables à son bon fonctionnement. On doit enfin réserver du temps pour que les parents puissent exprimer les frustrations qu'ils ont déjà éprouvées dans leurs relations avec les organismes fournisseurs de services et leurs professionnels.

Cours 2

Le deuxième cours porte principalement sur les habiletés concrètes nécessaires pour cerner les besoins d'une personne et traduire ceux-ci en services ou en demande de services. Il faut d'abord établir une chose très clairement: ce cours ne vise pas à faire des parents des experts en identification de besoins. Il vise plutôt à leur faciliter la tâche et à leur permettre de réagir aux besoins identifiés et aux services proposés par l'équipe des fournisseurs de services.

L'approche de valorisation des rôles sociaux permet d'aborder l'identification des besoins à partir des forces de la personne dans une optique valorisante. À ce titre, elle se distingue des approches plus traditionnelles qui étaient centrées sur les déficits de la personne. On retrouve dans le texte de Brown, Sheragan, Rogen, York, Zenella, McCarty, Loumis et Van de Venter (1985) une liste de critères qui permettent de juger de la valeur d'un besoin ou de la valeur d'un service proposé pour combler un besoin.

L'objectif poursuivi dans cette discussion avec les parents est de leur permettre de critiquer leur propre choix et de critiquer le choix et les propositions de l'équipe, d'une façon constructive et dans le but d'obtenir les meilleurs services possibles pour leur enfant. Pour simplifier la discussion, nous avons condensé dans un tableau dix critères de valeur des besoins, objectifs ou services. Dans le cours, chacune de ces valeurs est discutée avec les parents. On tente de dégager les conséquences probables du respect ou du non respect de ces critères. Dans le cadre d'exercices sur l'identification des besoins, ces critères seront repris sous forme de grille sommaire pour analyser rapidement chaque proposition. Le tableau 6.3 présente une description de ces principales valeurs.

CRITÈRES	COMMENTAIRES

Augmente la diversité de l'environnement

Le raisonnement traditionnel «augmentons le nombre d'habiletés maîtrisées pour ainsi permettre l'accès à de plus nombreux environnements» n'est plus valable. Il faut d'abord augmenter le nombre d'environnements et ensuite offrir des programmes d'apprentissages destinés à favoriser le fonctionnement de ces nouveaux et nombreux environnements.

Contact social

Habiletés qui augmentent la probabilité d'interaction avec des personnes non handicapées dans des environnements intégrés.

Image sociale

L'habileté qui améliore le plus le statut, l'image de la personne devrait être choisie.

Valeur fonctionnelle

Les actions fonctionnelles sont celles qui devront être faites par une personne non handicapée si la personne ayant le déficit intellectuel ne peut le faire.

Adaptées à l'âge

S'appliquent aux habiletés, aux attitudes, au matériel, à l'environnement et aux activités. Ceux-ci doivent être valorisés par le groupe d'âge.

Bien-être physique

Amélioration importante pour la qualité de vie. Permettra l'augmentation des compétences et des habiletés.

Requises à l'âge adulte

Ces habiletés sont plus durables. Si l'on doit choisir, elles sont plus importantes que celles qui se rattachent à une période donnée.

Pratique

Si l'on sait qu'une personne oubliera très probablement ce qu'elle a appris et que le ré-apprentissage demandera presque autant d'efforts que l'apprentissage initial, pourquoi prendre les dispositions nécessaires pour enseigner une habileté sans avoir l'assurance que celle-ci sera pratiquée dans la vie quotidienne?

Préférences de la personne

Il s'agit de son droit fondamental; le choix assure la motivation à apprendre; faire des choix constitue un objectif éducatif fondamental.

Préférences des parents ou de son représentant

Il s'agit ici de préférences personnelles des parents ou du représentant de la personne. Tenir compte des attentes de ces personnes **significatives** dans l'environnement peut contribuer à une meilleure qualité de vie pour la personne.

TABLEAU 6.3
Valeurs des objectifs des activités ou des services.

Enfin, on explore dans ce cours avec les parents trois approches complémentaires pour identifier les besoins de la personne. Ces trois approches ont été formulées directement à l'intention des parents. Les techniques professionnelles sont souvent trop lourdes pour s'appliquer directement aux parents. D'autre part, ces derniers ont un accès privilégié à une grande partie de la vie de la personne que les professionnels ignorent souvent. Nous allons les présenter brièvement.

- **Accès.** La première de ces approches aborde l'analyse des besoins dans une perspective écologique. Les personnes qui présentent une déficience intellectuelle ont souvent accès à un moins grand nombre d'environnements comparativement aux personnes du même âge qui n'ont pas de déficience intellectuelle et ce, chaque jour, chaque semaine ou chaque mois. La diversité et la richesse des environnements fréquentés par une personne contribuent directement à sa qualité de vie. Les professionnels ont longtemps cru qu'il fallait d'abord augmenter les compétences de la personne pour lui permettre d'accéder à une diversité de milieux. Une analyse de résultats obtenus démontre que ce raisonnement ne tient pas: peu importe l'étendue de son répertoire, une personne peut bénéficier d'un espace de vie élargi. Inversement, l'augmentation des compétences n'entraîne pas automatiquement l'élargissement de l'espace de vie. L'approche alternative (écologique) consiste donc à augmenter *d'abord* le nombre des environnements auxquels la personne a accès et à offrir ensuite les services nécessaires pour que la personne s'adapte et profite le mieux possible de ces divers environnements. Les besoins se formulent d'abord en terme d'accès à de nouveaux milieux. De ce niveau premier, découlent d'autres besoins plus spécifiques qui prendront la forme d'apprentissages ou de services nécessaires pour s'intégrer à ces milieux et pour en tirer profit. Cette approche « écologique » convient bien aux parents puisque leur vécu quotidien les confronte souvent au besoin d'accéder à de nouveaux environnements.

- **Attentes.** L'analyse des attentes qu'on entretient face à la personne qui a un handicap intellectuel peut permettre d'identifier plusieurs besoins. Chacun des milieux fréquentés par une personne entretient vis-à-vis celle-ci des attentes variées et nombreuses. Ces attentes concernent le rendement, l'indépendance personnelle, le comportement social ou toute autre dimension de l'adaptation individuelle. Il se peut qu'il n'y ait pas coïncidence entre le comportement de la personne et les attentes. Lorsque le comportement et les attentes ne coïncident pas, on assiste à l'apparition d'une tension dans le milieu qui peut aller jusqu'au rejet pur et simple de la personne. Cette tension, lorsqu'elle est vécue par la personne, peut se traduire à plus ou moins court terme par divers problèmes de comportement. Les parents sont souvent à même d'observer directement de telles situations et d'en ressentir eux-mêmes la tension. Il est essentiel de comprendre ici que si les attentes et le comportement de la personne ne coïncident pas, le service offert peut avoir pour objet tout autant de modifier les attentes de l'environnement que d'adapter le comportement de la personne à ces attentes. L'intervention dans ce cas doit être planifiée sans aucun préjugé et prévoir également des changements chez l'une ou l'autre des parties impliquées.

- **Projets d'avenir.** Dans la philosophie de l'intégration sociale, nous tentons de voir la personne d'abord et avant tout comme un individu en ce qu'il a de commun avec l'ensemble des individus de sa communauté. Un des traits communs de la vaste majorité de ces individus est d'avoir des projets d'avenir. En bas âge, ce sont les parents qui entretiennent de tels projets pour leur enfant; à l'adolescence, ces projets guident les grands choix de vie; à l'âge adulte ces projets d'avenir jouent toujours un rôle prépondérant et impliquent souvent plusieurs autres personnes (enfants, compagnons, compagnes, amis, collègues, etc.). Une partie importante du développement d'une personne consiste à ajuster ces projets, à les suivre, à les rendre plus réalistes ou plus ambitieux. Ces projets d'avenir peuvent être des guides sages ou des tyrans: certains les érigent en plans écrits tandis que d'autres les gardent plus imprécis. La personne et ses parents doivent partager ces projets d'avenir avec l'équipe du plan de services. Ceux-ci permettront d'identifier les grandes transitions à venir et d'ajuster les interventions en conséquence. Plus ces projets sont ambitieux, plus ils sont exigeants, plus ils demandent une cohésion des efforts de tous et chacun des partenaires pour pouvoir y arriver. Le fait même de partager ces projets d'avenir avec une équipe peut permettre de confronter ceux-ci à des perceptions extérieures, de les recalibrer, de les mettre en perspective.

Le travail sur ces habiletés concrètes d'identification de besoins est très important. C'est probablement une des phases, une des habiletés concrètes les plus importantes de toute la démarche d'apprentissage.

Ce deuxième cours se complète par un exercice sur la participation à la réunion elle-même. En effet, la composition de l'équipe du plan de services est particulièrement importante. Il faut que les principaux partenaires impliqués activement auprès de la personne soient représentés lors de cette réunion pour que leur connaissance de la personne soit mise à contribution lorsqu'on détermine les grandes orientations pour une année entière. Pour les parents, la phase d'invitation revêt une importance double. Même si le modèle de prise de décision dans une réunion de plan de services n'est pas celui du vote majoritaire, la dynamique des groupes reconnaît que si une position, une idée, un objectif sont partagés par plusieurs membres du groupe et peuvent être exprimés par plusieurs personnes, ils ont beaucoup plus de chance de s'imposer au groupe. D'autre part, il est certain qu'il est plus facile de s'exprimer devant un groupe qui est réceptif, devant un groupe où l'on perçoit un partage des mêmes valeurs de base, des mêmes intérêts envers la personne. La présence d'invités choisis parce qu'ils partagent les orientations de base permettra à la personne, aux parents ou à son représentant de faire valoir avec plus de poids leur perception des besoins.

Cours 3

Le troisième cours porte principalement sur la dynamique même de la réunion. Alors que la plupart des intervenants des établissements qui fournissent des services sont habitués à diverses réunions, il n'en va pas de même nécessairement de tous les parents. Par des exercices concrets, on cherchera à permettre aux parents d'identifier les meilleures façons de communiquer leur idée, d'explorer diverses techniques d'influence et même de prévoir les différents styles de contre-influence ou les différents arguments employés par les professionnels pour minimiser l'importance d'un besoin ou d'une demande de services de la part des parents. À ce titre, nous réalisons que plusieurs parents ont une expertise toute personnelle à cet égard. Il peut être donc tout à fait enrichissant de puiser à même ce bassin d'expériences et de trucs pour enrichir le groupe de parents qui participent au cours.

Cours 4

Le quatrième cours se concentre principalement sur l'assurance de la qualité. À cet égard, la politique sur l'intégration des personnes présentant une déficience intellectuelle est très claire. Elle les présente clairement (la personne ou son représentant), comme «maîtres-d'oeuvre» du plan de services et leur offre même une aide lorsque les recours sont nécessaires. On examine en détail à ce chapitre les sources d'information pour assurer un contrôle de qualité et les techniques principales pour ce faire. Encore une fois plusieurs parents qui assistent au cours ont une expertise personnelle. Ils peuvent partager avec le groupe, d'une façon très enrichissante, leurs techniques ainsi que leur évaluation des succès et des principales conséquences obtenues.

Cours 5

Le cinquième cours constitue un retour sur l'expérience du plan de services et sur les quatre cours préparatoires. Ce cours devrait permettre aux organisateurs du cours de rectifier le tir prévu et de pouvoir, après quelques reprises, répondre beaucoup plus précisément aux besoins des parents.

△ *6.4 En résumé*

La position des parents dans la démarche des plans de services est unique. Leurs responsabilités et leur pouvoir sont importants. Pour les exercer complètement, ils sont appelés à assumer de nouveaux rôles et à occuper une position pleine et entière dans une équipe de services composée majoritairement de professionnels.

Nous avons dégagé, dans la première partie de ce chapitre, certains des traits dominants qui caractérisent leur situation de parent d'enfant déficient intellectuel.

De ce portrait, se dégagent quelques objectifs particuliers pour l'équipe de services afin que les parents puissent occuper pleinement la place qui leur est dévolue. Nous avons souligné la nécessité d'actualiser un modèle de partenariat en adoptant les valeurs qui le sous-tendent. Nous avons aussi insisté sur le développement d'une communication efficace qui englobe les dimensions factuelles et émotives.

Enfin, pour assurer pleinement le succès de la démarche du plan de services, les parents doivent maîtriser de nouvelles habiletés. Nous avons présenté celles-ci en reprenant le contenu d'un cours destiné à préparer les parents à participer au processus. Nous avons insisté, en particulier, sur quelques techniques qui peuvent permettre aux parents d'identifier et de communiquer les besoins de leur enfant, ainsi que sur les droits de la personne et sur les principes de la valorisation des rôles sociaux.

PRINCIPALES RÉFÉRENCES

BOUCHARD, J.M. (1987). Les parents et les professionnels: une relation qui se construit, *Attitudes*, mai 1987.

BRISTOL, M., SCHOPLER, E., & McCONNAUGHEY R. (1984, December). *Prevalance of separation and divorce in unserved families of young autistic and sutistic-like children.* Paper presented at the annual Handiccapped Children's Early Education Programs Conference, Washington, DC.

BROWN, L. SHERAGAN, B., ROGEN, P., YORK, J., ZENELLA, K., McCARTY, E., LOUMIS, R., VAN DE VENTER, P. *The « Why» question in Educational Programs for Students Who are Severely Intellectually Disabled*, Université du Wisconsin et Madison Metropolitain School District. Document non publié.

CANSLER, D.P., et MARTIN, G.H. (1974). *Working with families: A manual for developmental centers*, Chapel Hill, N.C. Council for Exceptional Children.

GAYLORD-ROSS, R. (1989) *Integration strategies for students with handicaps*, Baltimore: Paul H. Brookes.

GORDON, T. (1970). *Parent effectiveness training*, New York: Plume Books, New American Library.

HARRIS, T.A. (1967). *I'm OK - you're OK*, New York: Avon Books.

KARKHUFF, R.R. (1969). *Helping and human relations, practice and research*, volume 2, New York: Holdt Rinehart et Winston.

KARKHUFF, R.R. (1969). *Heling and human relations, selection and training*, volume 1, New York: Hold Rinehart et Winston.

KIRK, S.A. (1972). *Educating exceptional children*, Boston: Houghton-Miffin.

KUBLER-ROSS, E. *On death and dying*, New York: Macmillan.

LACROIX, L. (1988). *Parents à bout de souffle*, Montréal: La Presse (du 9 au 13 avril 1988).

LOVE, H.D. (1970). *Parental Attitudes toward exceptional children.* Springfield, Ill.: Thomas.

MACDONALD, E.T. (1962). *Understand those feelings*, Pittsburgh, Stanwix House.

MINISTÈRE DE L'ÉDUCATION (1979). *L'école québécoise: énoncé de politique et plan d'action*, Québec: Éditeur officiel du Québec.

MINISTÈRE DE LA SANTÉ ET DES SERVICES SOCIAUX (1988). *L'intégration des personnes présentant une déficience intellectuelle: un impératif humain et social*, Québec: Éditeur officiel du Québec.

MOOS, R., & MOOS, B.E. (1981). *Family Environment Scale: Manual.* Palo Alco, CA: Consulting Psychologist's Press.

PL-94142 (1974). Education for all handicapped. Public law.

ROBINSON, H.B. et N.M ROBINSON, (1965). *The mentally retarded child.* New York; McGraw-Hill.

ROBINSON, R. (1970). *Don't speak to us of living death.* In R. Noland (ed.), Counseling parents of the mentally retarded. Springfield, Ill.: Thomas.

SIMPSON, R.L. (1982). *Conferencing parents of exceptional children.* Aspen Systems Corporation, Rockville, Maryland.

TEW, B. J., PAYNE, H., & LAWRENCE, K.M. (1974). Must a family with a handicapped member be a handicapped family? *Developmental Medicine and Child Neurology, 16* (Supp. 32), pp. 95-98.

TOMLINSON, S. (1982). *A sociology of special education,* Londres: Routledge et Kegan.

WEBER, B. (1974). A parent of a retarded child gives her idea of services needed. *Child Welfare,* 53(2), pp. 98-101.

CHAPITRE 7

Une réunion préparée et animée

par **Daniel Boisvert**, *Ph.D.*

Lorsqu'en réunion, tous les membres tombent d'accord rapidement sur une idée, c'est vraisemblablement que personne n'y a vraiment pensé.

L a préparation et l'animation du plan de services sont deux phases essentielles du processus de planification de services à la personne.

La première phase doit permettre de cumuler suffisamment de matériel pour que la réunion soit un moment où l'on échange l'information la plus pertinente possible à propos de la personne. Durant cette phase, chaque participant se prépare pour aider à la programmation des services et s'assurer de leur adéquation avec les besoins de la personne.

La deuxième phase, que l'on désigne par l'animation de la réunion, consiste essentiellement à aider les membres de l'équipe à produire une programmation de services dans le respect de procédures qui facilitent les échanges démocratiques et favorisent l'émergence et le maintien de relations socio-affectives.

△ 7.1 La convocation des membres de l'équipe

La préparation des membres commence par la proposition d'un plan de travail efficace. Ce plan de travail doit devenir un contrat clair entre des participants égaux, eu égard à leur statut dans l'équipe. L'acceptation du plan de travail doit être le résultat d'une discussion libre entre les membres en présence qui se mettent d'accord sur chacun des éléments du plan. Mais auparavant, l'animateur devra préparer sa proposition qu'il acheminera lors de la convocation.

La convocation est donc le premier lien qui unit l'instigateur de la réunion aux participants. Elle devra être concise et adaptée aux personnes auxquelles elle s'adresse. L'animateur, ou le coordonnateur selon le cas, prendra soin d'adresser, en premier lieu, à la personne en situation de besoins, un avis de convocation personnalisé, comme le montre le tableau 7.1.

Madame, Monsieur,

Par la présente, nous vous convoquons à votre rencontre du plan de services qui se tiendra le _____ à _____ heures, au _____ .

Les participants invités à cette réunion sont:

_____   _____   _____

_____   _____   _____

_____   _____   _____

Lors de cette rencontre, nous parlerons des services que vous avez reçus au cours de l'année passée et nous discuterons de vos projets pour l'année qui vient.

Nous comptons sur votre participation et nous vous serions gré de bien vouloir confirmer votre présence avant le _____ en communiquant avec moi au numéro _____ .

Veuillez agréer, Madame, Monsieur, l'expression de nos sentiments les plus distingués.

Animateur du plan de services

TABLEAU 7.1
Convocation de la personne à la réunion de son plan de services.

L'avis de convocation devra quelquefois contenir une invitation à préparer des dossiers. C'est plus particulièrement le cas pour les participants chargés de la prestation des services. L'avis de convocation devra également faire mention des autres participants à la réunion du plan de services afin d'éviter toute surprise aux convoqués. Cette procédure permet aussi de faire vérifier par les membres la liste des membres convoqués et, au besoin, corriger les omissions commises.

Mais la convocation a aussi des effets stressants sur les personnes convoquées. Les attentes des uns sont stimulées plus que d'habitude et la préparation du bilan, exécutée par les professionnels, doit s'achever. Pour la famille naturelle, le stress est particulièrement important et insécurisant puisque, à la réunion du plan de services, on discutera avec des professionnels de la santé et des services sociaux de l'avenir de l'un des membres de la famille.

L'animateur est le mieux placé pour diminuer cette anxiété. Il peut téléphoner aux parents pour les informer sur: 1) les objectifs de la réunion, 2) la composition de l'équipe, et 3) l'importance que tous accordent à leur participation. L'animateur convient avec eux de suspendre les discussions si les parents ne se sentaient pas prêts à décider quoi que ce soit à propos d'un gros problème qui surgirait lors de la réunion. Ce problème sera traité avec eux, en dehors de la réunion du plan de services. Il peut terminer sa communication en assurant les parents de son aide durant les discussions en réunion mais aussi de sa disponibilité pour d'autres échanges importants.

Parmi les autres informations transmises aux participants, le lieu de la réunion, la salle et l'heure du début de la réunion ainsi que sa durée sont des données de premier ordre.

En ce qui a trait au lieu, l'endroit choisi devra être d'accès facile. Il en va de même pour la salle qui devrait être adaptée au nombre de participants qui pourront circuler à leur aise autour de la table. La salle devrait offrir les ressources audio-visuelles utiles pour l'analyse des dossiers. Un tableau s'avère souvent utile durant les réunions.

Il serait opportun de s'assurer qu'aucun membre ne soit importuné par le téléphone qui est, la plupart du temps, l'ennemi numéro un des réunions. Il est sage aussi de s'assurer que la salle soit libre plus longtemps que le temps prévu pour la réunion. Souvent une prolongation s'avère nécessaire pour ne pas bâcler les décisions finales.

Si l'animateur peut choisir le moment de la rencontre, il devra se rappeler que la matinée correspond habituellement à une période fertile au plan du travail mental. Elle est donc plus favorable aux discussions de l'équipe.

7.2 *La préparation des participants*

Tous les membres de l'équipe du plan de services doivent préparer les informations importantes qu'ils détiennent pour être en mesure de les utiliser efficacement lors de la réunion du plan de services.

La personne

Quelques semaines avant la tenue de la réunion du plan de services, le coordonnateur a rencontré la personne pour faire le point sur la dernière année et pour prévoir les événements à venir. Durant cette rencontre préparatoire, le coordonnateur aidera la personne à exprimer les succès qu'elle a vécus durant la dernière année, ses besoins actuels et ses attentes. Évidemment, cette relation d'aide qui aboutit à l'élaboration d'un bilan par la personne, ne peut se réaliser que si la personne a déjà eu un premier plan de services.

Les parents

Lorsque le plan de services est destiné à un enfant, ou lorsque la personne est un adulte, et qu'il souhaite la participation de ses parents, la présence de ces derniers est importante. Les parents peuvent aussi se préparer en essayant de préciser la nature des besoins de leur enfant et leurs attentes envers les praticiens.

L'animateur peut aussi aider les parents en les contactant avant la réunion afin de discuter avec eux des objectifs du plan de services. Il pourra clarifier le rôle des autres participants et les procédures de fonctionnement de la réunion. Tous ces échanges doivent avoir pour effet de diminuer l'anxiété des parents, sentiment bien naturel lorsque l'on participe à une équipe d'intervenants professionnels.

Les intervenants professionnels

Les autres membres de l'équipe du plan de services, c'est-à-dire les intervenants professionnels chargés de concrétiser les plans d'intervention, doivent procéder au bilan des acquisitions de la dernière année.

Lors de l'élaboration du bilan des acquisitions, le professionnel identifie les forces et les besoins qu'il croit percevoir chez la personne. À cette occasion, il dresse aussi un inventaire des objectifs de son dernier plan d'intervention et en évalue l'atteinte. Enfin, il note toutes les informations pertinentes qui pourraient influencer les décisions de l'équipe lors de l'adoption du prochain plan de services.

Le coordonnateur

En plus d'aider à la préparation de la personne, le coordonnateur doit préparer la synthèse des bilans effectués par les intervenants et fournir les informations complémentaires pour faciliter l'analyse des besoins et la programmation des services.

L'opération de cueillette des informations peut être grandement facilitée par l'emploi d'un protocole préparatoire au plan de services.

△ 7.3 Protocole préparatoire au plan de services

Le protocole de préparation du plan de services a pour objectifs de fournir tous les renseignements pertinents sur la personne et faciliter le déroulement de la réunion, principalement lors des étapes de la définition des objectifs et de la détermination des priorités d'action.

Mis à part les renseignements sociologiques courants sur la personne et le lieu de résidence des parents, certains autres renseignements prennent une importance particulière. Ces renseignements concernent l'histoire des services reçus, l'environnement social actuel de la personne, la liste des personnes signifiantes pour la réunion du plan de services, l'évolution générale de la personne, le bilan de l'atteinte des objectifs du dernier plan de services et l'identification des forces de la personne énoncées sous forme d'objectifs. Voyons de plus près ce dont il s'agit.

1° Renseignements sociologiques courants

— nom et prénom de la personne, date de naissance, adresse, nom du père et de la mère ainsi que leur adresse respective.

2° Aspect historique des services

— ensemble des principaux services obtenus depuis la naissance, particulièrement ceux qui pourraient être considérés dans les décisions. Il peut s'agir par exemple de services résidentiels, scolaires, de santé, de loisir, de travail, sociaux ou de garderie publique.

3° Environnement social actuel de la personne

— ensemble actuel des personnes significatives, des services obtenus par la personne dans la communauté et des groupes sociaux auxquels elle adhère.

4° Personnes significatives pour la réunion du plan de services:

— toutes personnes pouvant aider à la réalisation du plan de services sont susceptibles d'être convoquées en tant que membres.

5° Évolution générale

— sous cette rubrique sont inscrits les principaux éléments présentant l'évaluation générale de la personne depuis le dernier plan de services (s'il y a lieu).

Cette présentation comprend les faits significatifs et les changements majeurs dans la vie de la personne. Par exemple, un déménagement ou un voyage peuvent être des faits significatifs dans la vie de la personne.

6° Identification des forces de la personne

— l'ensemble des compétences et des habiletés présentes chez la personne ainsi que ses intérêts et sa motivation.

À cette section, il est important d'identifier les forces de la personne en tenant compte des secteurs suivants: autonomie (communautaire, personnelle, résidentielle), communication, motricité (mobilité, motricité fine), compétences sociales (relations, rôles), aspect cognitif, habileté au travail.

7° Besoins actuels de la personne

> — il est important de distinguer sous cette rubrique les besoins de la personne en matière de programme et en interventions des autres besoins en matière de ressources et de services.

L'appendice présente un modèle de protocole préparatoire à la réunion du plan de services qui tient compte de l'ensemble de ces éléments et qui présente, sous forme dynamique, les réseaux de personnes et de groupes significatifs de la personne en situation de besoin. Avec ces renseignements, le coordonnateur peut intervenir plus complètement et avec plus de pertinence lors de la réunion du plan de services. Dans cet esprit, il serait préférable que les autres membres de l'équipe puissent eux aussi obtenir un exemplaire du protocole préparatoire complété.

Il appartient maintenant à l'animateur de voir à l'utilisation maximale de cet outil.

 ## 7.4 *Animation de la réunion*

Comme les groupes de travail en général, l'équipe du plan de services fonctionne généralement selon trois dimensions: la tâche, la procédure de travail et les relations socio-affectives entre les participants.

À chacune de ces dimensions correspondent une fonction de l'animateur et des comportements d'aide qui facilitent l'accomplissement des fonctions principales de l'animateur que nous avons mentionnées au chapitre précédent lors de l'identification du rôle de l'animateur. Ces fonctions sont: la clarification, la régulation et la facilitation. Le tableau 7.2 montre les liens entre les dimensions distinctes du fonctionnement de l'équipe et les fonctions de l'animateur.

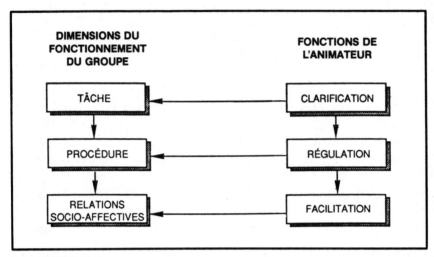

TABLEAU 7.2
Liens entre les dimensions du fonctionnement de l'équipe
et les fonctions de l'animateur.

Le tableau 7.2 montre que la dimension du contenu correspond à la fonction de clarification des termes et des idées, sous la responsabilité principale de l'animateur. Sous la dimension des procédures de travail que se donne l'équipe du plan de services, se juxtapose la fonction de régulation que l'on attribue aussi à l'animateur. Sous la troisième dimension, particulièrement pour éviter les trop fortes tensions entre les membres, les relations socio-affectives sont orientées et guidées par l'animateur de la réunion.

Cependant, il faut souligner que ces fonctions ne sont pas que de la responsabilité de l'animateur. Chaque membre de l'équipe doit collaborer à la réalisation de la fonction chaque fois que l'occasion se présente lors de la réunion. En fait, ce sont des tâches collectives dont l'animateur assume le leadership pour permettre un juste équilibre entre les dimensions du fonctionnement de l'équipe.

Les comportements d'aide de clarification

L'animateur assume une fonction de clarification en présentant aux membres, en début de réunion, le mandat de l'équipe. Durant la réunion du plan de services, il servira de catalyseur d'idées. Au besoin, il fera répéter un membre, fera préciser une information et le sens d'une intervention. Ces gestes sont posés à la seule fin d'assurer une meilleure compréhension des discussions et de leurs enjeux par tous les membres. Aussi, lorsque le moment s'y prête, l'animateur fait un bref résumé ou une synthèse des faits rapportés ou des décisions prises afin de faire mesurer le progrès accompli par l'équipe. Dans les cas d'échanges teintés d'émotivité, l'animateur dégagera le contenu rationnel de la discussion.

- **Donner l'élan aux débats.** Donner l'élan aux débats est un comportement qui consiste à exposer le sujet, à fixer ou à rappeler l'objectif de la réunion et, finalement, à proposer un plan de travail. L'animateur pourra intervenir efficacement selon le degré de sa préparation. Au début de la réunion, il serait sage de rappeler le rôle de l'animateur et d'avouer explicitement ses préjugés favorables envers la personne. Il rappellera aussi aux membres que la personne est davantage le partenaire des discussions de l'équipe que l'objet de cette discussion.

- **Augmenter le rythme des échanges.** Dans certaines réunions, ce comportement caractérise le rôle essentiel du conducteur de la réunion. La connaissance est une nécessité vitale pour la réflexion et l'action de l'équipe du plan de services. L'animateur peut informer lui-même ou servir de relais à d'autres informateurs.

  Il est souvent bien placé pour donner des informations ou pour s'assurer de la présence de ressources externes (spécialistes, documents audio-scripto-visuels, etc.). À l'intérieur de l'équipe, il stimule la transmission de l'information ou facilite les échanges entre les membres (ce qui se fait à travers les autres fonctions).

- **Donner la signification des mots.** L'équipe est réunie en vue de l'atteinte d'un objectif commun. Il est donc important que, dès le début de la réunion, l'animateur s'assure que cet objectif ait été clairement défini et compris de tous. Si l'objectif n'est pas bien interprété, il accorde tout le temps nécessaire pour parvenir à une meilleure compréhension. De même, les mots ou les expressions sont souvent équivoques ou d'usage polyvalent. L'animateur devra être aux aguets et s'interroger sur le sens donné aux mots par les membres de l'équipe. Il sera souvent opportun de demander aux participants de définir leurs termes, particulièrement ceux qui, de toute évidence, semblent semer la confusion.

• **Reformuler les interventions.** Par la reformulation des interventions, l'animateur vise à favoriser la communication et la cohésion dans l'équipe. Par exemple, en reformulant de temps à autre l'idée d'un membre, surtout lorsqu'elle semble moins bien comprise par les autres, l'animateur assure l'enrichissement des débats.

Cette action est particulièrement efficace pour la sensibilisation de tous les participants aux difficultés normales de communication. De plus, elle suscite chez eux l'émergence ou le renforcement d'une perception de l'existence d'une véritable équipe. Elle a également pour effet d'augmenter la capacité d'écoute des participants. La reformulation des interventions aide quelquefois le participant qui s'exprime à nuancer sa pensée. Ce comportement aide spécifiquement la personne déficiente intellectuelle qui a une limitation quant à l'attention qu'elle peut maintenir sur une longue période de temps.

L'animateur doit aussi garder à l'esprit que, malgré les effets positifs de la présence de la personne à la réunion du plan de services, les limitations inhérentes à sa déficience sont toujours présentes. Ces limitations se traduisent notamment par une difficulté plus grande que pour les autres participants à comprendre des idées complexes, à synthétiser plusieurs idées ou encore à projeter des situations dans un futur. La personne peut difficilement soutenir de longs échanges interactifs avec une même intensité. La représentation visuelle de sa participation sur ce point ressemblerait plutôt à un graphique en dents de scie.

- **Lier les idées entre elles.** Une des difficultés principales du travail en équipe est le manque d'attention porté aux interventions des autres. L'animateur intervient alors efficacement en demandant à celui qui vient de s'exprimer de faire lui-même le lien avec ce qui a été dit précédemment. L'animateur peut aussi avantageusement faire lui-même les liens qu'il juge nécessaires surtout lorsqu'ils sont peu perceptibles. Ce geste invite les membres à s'écouter réciproquement davantage, favorisant ainsi une cohésion plus grande des idées et des actions.

- **Faire le point sur le plan de travail.** Faire le point sur le plan de travail permet de faire prendre conscience à l'équipe de sa progression tant au plan des rapports socio-émotifs qu'au plan de la tâche. En effet, il est important que l'équipe puisse évaluer ce qui a été fait et tire satisfaction de son travail. Ce geste l'encourage souvent à poursuivre ou à réajuster ses efforts.

- **Formuler les conclusions intermédiaires.** Formuler les conclusions intermédiaires consiste principalement à résumer, de manière synthétique, les opinions émises, les positions défendues et les décisions prises. Ce comportement d'aide a pour but d'intégrer les résultats atteints à la mémoire active de l'équipe et d'éviter les retours en arrière qui freinent indûment les échanges. De plus, il facilite grandement la tâche du secrétaire.

- **Évaluer l'atteinte de l'objectif général.** Évaluer l'atteinte de l'objectif général se manifeste par la vérification de l'état de la discussion en regard de l'objectif fixé au plan de travail. Par exemple, des questions comme «Essayons-nous de dégager une méthode de solution du problème soumis à notre attention?», ou encore «Sommes-nous à critiquer des décisions de l'établissement qui offre ces services?» aident à amorcer le processus d'évaluation.

La fonction de **clarification** favorise l'exécution **de la tâche** de l'équipe du plan de services. Cette fonction se réalise par la manifestation des comportements d'aide tels:

- donner l'élan aux débats;
- augmenter le rythme des échanges;
- donner la signification des mots;
- reformuler les interventions;
- lier les idées entre elles;
- faire le point sur le plan de travail;
- formuler les conclusions intermédiaires;
- évaluer l'atteinte de l'objectif général;

mais surtout

aider la personne à exprimer ses choix.

Les comportements d'aide de régulation

Les comportements d'aide de régulation agissent à propos de procédures et ils sont orientés vers les participants.

En dirigeant les débats, l'animateur contrôle de manière importante la circulation des échanges entre les membres de l'équipe du plan de services. Sur ce plan, il assume une fonction de régulation qui se traduit par des gestes ou des comportements d'aide tels que: maintenir l'ordre et la discipline dans les discussions, donner la parole de manière équitable et ramener les participants errants à la tâche.

Par l'animation du plan de services, l'animateur doit aussi s'assurer du respect des droits de la personne qui souvent ne peut les faire valoir par elle-même. D'autres comportements peuvent aussi aider à la régulation des discussions.

- **Dresser le bilan des ressources.** L'animateur peut dresser le bilan des ressources du groupe, c'est-à-dire identifier les forces et les limites de chaque participant, tant sur le plan des compétences intellectuelles et professionnelles que sur le plan du vécu expérientiel. Avant la réunion du plan de services, l'animateur peut déjà fixer l'importance des ressources dont il dispose pour remplir le mandat qui lui est confié.

- **Stimuler la participation de certains membres.** Stimuler la participation de certains membres est un autre comportement qui peut aider le groupe dans l'accomplissement de son travail. Certains participants parlent peu, pour ne pas dire pas du tout. Bien qu'elles aient souvent des idées intéressantes, l'animateur a quelquefois l'impression de faire face à des personnes incompétentes, ce qui s'avère souvent faux.

  La tentation est plus forte alors de se donner comme mission de faire parler tous les participants et plus particulièrement ceux que l'on identifie comme silencieux. Le rôle de l'animateur ne consiste pas à les faire parler à tout prix, ce qui crée des tensions qui rend encore plus difficile la participation souhaitée, mais de favoriser l'expression verbale par une approche chaleureuse. Le moment idéal pour les aborder est probablement celui où ces derniers sont les plus à l'aise avec les autres et les idées débattues et aussi les moins conscients d'eux-mêmes. Ce moment, qui se présente souvent lorsque le groupe est très animé, est l'instant favorable pour les inviter à parler. Attentif, l'animateur peut donner la parole à ceux qui parlent habituellement le moins souvent.

- **Refréner les bavards.** Contrairement aux silencieux, d'autres participants parlent facilement, longtemps et souvent. L'animateur doit les refréner et les aider à intervenir avec plus d'opportunité. Il le fera plus facilement s'il existe une bonne relation interpersonnelle entre les personnes. Il est intéressant de noter que ces participants sont souvent des verbo-moteurs. Ainsi, le simple fait de résumer leur intervention au moment opportun et de demander à d'autres personnes d'intervenir suffisent à réduire la fréquence de leurs interventions. Une autre bonne stratégie consiste à les inviter à se résumer eux-mêmes.

- **Équilibrer les moments de discussion et de réflexion.** Généralement, il appartient à l'animateur de décider des moments de pause pour faciliter la réflexion. Ces instants sont souvent des stimuli à la création. Durant ces instants, les bavards peuvent se laisser aller à leur penchant et les silencieux, quant à eux, peuvent réfléchir ou être encouragés à exprimer leur point de vue. Les silences de vie stimulent la synthèse et la prise de conscience. Utilisés à tort, ces instants deviennent vite des silences de mort.

- **Rappeler le temps disponible.** Rappeler le temps disponible est un comportement qui permet d'éviter que le temps dont dispose l'équipe ne soit utilisé indûment à régler des points de détail.

  Pour accélérer la progression des débats, l'animateur peut rappeler, à l'occasion, la contrainte du temps. Il peut quelquefois s'avérer utile de demander à l'équipe d'évaluer l'emploi du temps en regard de l'ordre du jour. Le résultat de cette réflexion pourra se traduire par une modification à l'ordre du jour adopté au début de la réunion.

- **Accorder la parole.** Accorder la parole est l'une des prérogatives de l'animateur. Habituellement, en accordant la parole, l'animateur doit comprendre qu'il partage entre les membres la richesse temporelle de l'équipe . Il peut distribuer l'accès à la parole entre ceux qui la demandent. Il peut aussi inviter les silencieux à s'exprimer. Toutefois, il est important d'avertir les participants de la façon dont on veut procéder. De plus, l'animateur garde toujours un droit de véto à cause de sa responsabilité envers les procédures. L'animateur peut utiliser ce droit pour rappeler les membres à l'ordre dans les moments de confusion.

- **Faire respecter l'ordre du jour.** Faire respecter l'ordre du jour ou le plan de travail est aussi important pour le bon fonctionnement de l'équipe que de donner la parole. Ce geste se pose cependant sans autoritarisme mais avec fermeté. L'application opportune de tels gestes permet de contrôler les efforts et de les diriger sans perte importante vers la réalisation des objectifs de l'équipe.

La fonction de régulation favorise le contrôle des discussions et l'accès à la parole. La fonction régulation suggère à l'animateur de manifester des comportements d'aide tels que:

- dresser le bilan des ressources;
- stimuler la participation de certains membres;
- refréner les bavards;
- équilibrer les moments de discussion et de réflexion;
- rappeler le temps disponible;
- accorder la parole;
- faire respecter l'ordre du jour;

et surtout

s'assurer du respect des droits de la personne.

Les comportements d'aide de facilitation

La fonction de facilitation est assumée par l'animateur en regard de la dimension des relations socio-affectives dans l'équipe du plan de services. Appelée fonction de socialisation par certains auteurs, la fonction de facilitation exige que l'animateur soit conscient des phénomènes de groupe et de la dynamique interne de l'équipe. Par le maintien des conditions psychologiques optimales, l'animateur vise la production de l'équipe. Il tente de diminuer les tensions, réduire les blocages et valoriser les rôles respectifs.

- **Accueillir les participants.** En accueillant les participants de manière chaleureuse, l'animateur favorise grandement la participation. Le fait de s'intéresser à chacun, quel que soit son statut, contribue également à valoriser chaque participant non seulement à ses propres yeux mais aussi aux yeux des autres.

- **Interroger l'équipe.** Interroger l'équipe est un comportement qui permet de prendre le pouls de l'équipe et de déceler les changements possibles du climat de travail.

- **Détendre l'atmosphère.** En permettant aux participants d'utiliser l'humour et les blagues, l'animateur contribue à la détente et à la solidarisation de l'équipe. De même, des moments de pause au cours de la discussion peuvent diminuer certaines tensions, principalement celles dues à la fatigue. À titre d'exemple, il est important lorsque la personne s'exprime d'écouter ce qu'elle dit, bien qu'il puisse s'agir d'une intervention hors d'ordre.

- **Rationaliser les conflits.** Les tensions dans l'équipe naissent souvent à l'occasion des conflits d'idées entre deux personnes engagées l'une envers l'autre de manière émotive. L'animateur peut détendre le climat en reformulant, de façon plus objective, les idées pertinentes émises avec émotivité. Il différencie alors la charge émotive du contenu de la discussion permettant ainsi aux participants de ne pas se laisser prendre par l'un ou l'autre des clans.

- **Verbaliser les sentiments.** Lorsque le climat est tendu, il est opportun de permettre aux participants de verbaliser ce qu'ils ressentent à cet instant précis. Verbaliser des sentiments aide à en prendre conscience, à les comprendre et à les maîtriser.

  Les sentiments relatifs à la sexualité sont certainement ceux qui sont les plus difficiles à aborder en équipe. Les participants devront se rappeler que la personne a aussi droit à son intimité et que cette situation exige de la délicatesse dans l'utilisation des mots ou des expressions. Pour ce point, l'animateur devra rappeler les participants à l'ordre aussi souvent que la situation l'exigera.

- **Faire élucider les moments de tension.** Lors de moments de tension, l'animateur doit adopter une attitude de compréhension dans l'interprétation de la situation et amener le groupe à prendre conscience de l'état de tension, de conflit ou de crise dans lequel il se trouve. En abandonnant ses autres préoccupations, le groupe peut se pencher sur ce dernier problème pour le résoudre. Cette démarche sera bénéfique dans la mesure où elle favorisera la réalisation du plan de travail et l'atteinte des objectifs fixés.

La fonction de facilitation de la dimension des relations socio-affectives dans l'équipe du plan de services assumée par l'animateur aide à maintenir les conditions psychologiques et sociales optimales pour la réalisation de la tâche. Les comportements d'aide de facilitation les plus importants sont:

- accueillir les participants;
- interroger l'équipe;
- détendre l'atmosphère;
- rationaliser les conflits;
- exprimer les sentiments;
- faire élucider les moments de tensions:

mais surtout

valoriser le rôle de la personne et de ses proches.

 ## 7.5 *Le déroulement de la réunion*

Une réunion ne commence jamais comme une course de chevaux où tous les participants se tiennent prêts, avec la même vigilance, à démarrer l'épreuve au signal convenu. Les participants de la réunion du plan de services arrivent avec une préparation différente et souvent inégale. C'est pourquoi l'animateur doit utiliser la période qui précède immédiatement la rencontre, période qui correspond à la phase informelle de présentation et de discussion pour aider au démarrage de la rencontre. Durant cette période, l'animateur peut:

- **Au plan socio-affectif**

  — *amorcer les échanges personnels*, c'est-à-dire permettre aux membres d'échanger socialement entre eux, favorisant ainsi un bon climat de travail;

— *évoquer les insatisfactions*, ce qui permet de réduire les désaccords à la suite d'interprétations erronées des informations transmises avant la réunion;

— *procéder aux présentations*, plus spécifiquement des nouveaux membres, de la personne, de ses parents et des bénévoles;

— *constituer l'équipe de base* qui forme dès les premiers instants des réseaux ou des sous-groupes avec lesquels l'animateur devra ultérieurement composer.

- **Au plan de la tâche**

— *identifier les objectifs* en parlant de ce qui réunit les membres;

— *lever les malentendus*, particulièrement ceux qui ne viennent que d'une personne et qui peuvent se régler facilement;

— *vérifier la préparation des participants* de manière discrète et informelle, ce qui permet à ce moment-là de susciter le moins de réactions négatives.

Durant le déroulement de la réunion, bien des obstacles imprévus peuvent surgir, tels le nombre élevé de désaccords entre les membres, les conflits de personnalité et le manque de ressources. Toutefois, règle générale, une réunion se planifie comme toute autre activité professionnelle, et à ce titre, suivent des phases de développement relativement prévisibles.

L'expérience montre qu'entre le début et la fin de la réunion, six étapes devront être complétées durant l'heure et demie où l'équipe est à son plus haut point d'efficacité. Bien entendu, il est difficile de délimiter des périodes distinctes et parfaitement balisées dans une telle réunion. Cependant, à des moments précis de la rencontre, l'attention se porte sur des éléments différents que nous identifions à des étapes du déroulement de la réunion. Il s'agit plus spécifiquement de 1) l'amorce de la réunion, 2) la présentation de la personne, 3) l'identification des besoins, 4) la détermination des objectifs de services et de l'orientation des ressources, 5) la nomination du coordonnateur et 6) la signature du protocole du plan de services.

Toutes les étapes ne nécessitent pas autant de temps et d'efforts de la part des membres. Certaines d'entre elles sont franchies rapidement tandis que d'autres exigent une attention accrue.

Amorce de la réunion

L'animateur ouvre la séance de travail par l'accueil des membres, la présentation réciproque des participants et la prise des présences aux fins du procès-verbal. Il rappelle ensuite le but de la réunion et clarifie le fonctionnement qu'il propose aux autres. Il précise et confirme ensuite, avec une certaine rapidité mais sans bâcler, les objectifs spécifiques qui doivent être partagés par tous les participants.

En tenant compte du travail à effectuer au plan du renforcement des liens socio-affectifs et de la décision du mandat environ dix à douze minutes, soit 10 à 12 % du temps disponible pour la réunion, devraient être théoriquement allouées à la réalisation de cette étape.

Présentation de la personne

À la suite de la phase 1, l'animateur propose un plan du déroulement de la séance. Il vérifie ensuite la prise de connaissance des documents préparatoires en posant des questions indirectes qui évitent d'étiqueter les membres selon la qualité de leur préparation, ce qui aurait tôt fait de nuire au climat de travail. L'animateur permet ainsi aux membres de partager leurs informations et, de ce fait, de s'entraider mutuellement.

Durant cette deuxième étape, la personne adulte en situation de besoins se présente en précisant: son âge, le lieu de sa résidence, le genre de travail accompli habituellement durant la journée, etc. Dans le cas d'un enfant, les parents peuvent présenter leur enfant en précisant son âge, son environnement et ses activités générales. L'animateur peut aider les participants à se présenter lorsque ceux-ci tombent en panne.

Lors de cette étape, l'animateur énumère ou fait énoncer des faits, des informations à propos de la personne en situation de besoin. Ce moment est l'occasion de poursuivre la présentation générale de la personne en traçant les grandes lignes de son évolution depuis la dernière réunion du plan de services eu égard à l'atteinte des objectifs énoncés à ce plan. L'animateur interroge les membres concernés sur les acquis de la personne, notamment ses apprentissages, et souligne ses forces. Il fait ressortir clairement les besoins de la personne selon différentes dimensions: scolaire, de travail, résidentielle, sociale, sanitaire, psychologique, etc.

Cette deuxième étape est importante pour la valorisation du rôle social de la personne et pour une véritable prise de conscience de la dimension humaine du travail à accomplir par les membres. Il est donc normal qu'une période de quinze minutes puisse être consacrée à cette étape importante. Cette période représente 15 ou 16 % du temps disponible et tient compte des échanges d'informations pour situer les participants sur leur préparation et pour permettre à la personne de se présenter sans être bousculée.

Identification des besoins

L'animateur fait ensuite préciser les besoins de la personne et tente d'obtenir, si possible, le consentement de tous les participants. Chaque membre doit se sentir libre d'intervenir à ce moment. L'animateur pourra faciliter la tâche des participants qui ont préparé leurs informations avant la rencontre en les invitant à partager leurs connaissances. L'animateur incitera ceux qui ont peu de préparation à interroger les responsables des services.

Ce moment est important pour livrer les évaluations globales sur le fonctionnement de la personne et vérifier l'accord du bénéficiaire sur les résultats énoncés. C'est pourquoi l'animateur devra y consacrer une partie importante de la rencontre. Pour mener à terme cette étape de façon satisfaisante, nous pensons que vingt minutes pourraient être suffisantes.

À cet instant, le secrétaire de la réunion inscrit les besoins identifiés au protocole du plan de services et dresse ainsi la liste à partir de laquelle les objectifs de services seront définis.

Objectifs de services et orientation des ressources

À ce moment de la rencontre, c'est-à-dire à la quatrième étape du déroulement de la réunion, les membres de l'équipe du plan de services tentent de déterminer la nature et le contenu des objectifs que devront atteindre les principaux intervenants responsables des services à la personne.

Ce choix et cette nouvelle formulation des besoins à court, moyen et long termes, sont opérés à la suite des résultats obtenus lors de l'évaluation de l'atteinte des objectifs précédents (bilan des acquisitions). Dès qu'un objectif est identifié, les membres peuvent concrétiser cette volonté en déterminant les actions à entreprendre, le partage des responsabilités quant aux services dispensés et le temps pour accomplir chaque activité de services prévue.

C'est à ce moment du déroulement de la réunion du plan de services que les idées peuvent être les plus divergentes et les tensions les plus fortes. Compte tenu des aspects hétérogènes de l'équipe, l'animateur devra porter une attention particulière au type de solutions retenu afin de s'assurer de l'aspect normalisant des services et des ressources.

De plus, puisque cette étape correspond aux échanges les plus féconds pour la qualité et la quantité de la prestation des services à la personne, l'animateur et les autres membres trouveront normal de consacrer plus de temps à cette étape. En raison des expériences antérieures, nous croyons que 40 % ou un peu plus du temps, c'est-à-dire approximativement de trente-cinq à quarante minutes, devraient être utilisés pour la réalisation de cette étape.

Il est important aussi que l'équipe prévoit, pour un avenir rapproché, le type de ressources qu'il faudra fournir à la personne. Cette analyse prévisionnelle permet souvent de développer des ressources jusqu'alors inexistantes.

Nomination du coordonnateur

La nomination du coordonnateur a pour but d'assurer la meilleure chance possible à la réalisation de la programmation des services. Bien que toute l'équipe se soit dite d'accord avec la prestation des services, divers obstacles peuvent restreindre la capacité d'agir de l'un ou de l'autre des intervenants. De plus, la satisfaction d'un besoin peut être atteinte plus rapidement et exiger alors, avant la date prévue, une nouvelle rencontre de l'équipe. Avant la rencontre, l'animateur a généralement sondé les disponibilités des membres pour occuper une telle fonction. C'est pourquoi l'animateur utilise peu de temps, de deux à trois minutes par exemple, pour procéder à la nomination du coordonnateur.

Idéalement, le participant qui connaît le plus la personne déficiente intellectuelle est le mieux placé pour assumer ce rôle. Toutefois ce rôle demande des qualités humaines qui favorisent les bonnes relations interpersonnelles, compte tenu de la précarité de l'importante fonction de contrôle dévoluée au coordonnateur en regard des actions des intervenants relevant de diverses corporations.

Signature du protocole

Les membres signent le protocole pour signifier ainsi leur désir de voir réaliser le plan de services. De plus, ce geste devient un signe évident d'engagement envers la programmation retenue. Ce geste augmente le degré de cohésion, s'il est fait en toute liberté.

Cette étape protocolaire, peu exigeante lorsque la participation a été réelle et constructive, demande généralement de deux à trois minutes.

Durée et rythme de la réunion

La réunion du plan de services devrait généralement correspondre à la période maximale de performance de l'équipe du plan, c'est-à-dire d'un durée de quatre-vingt-dix minutes environ. Comme l'illustre le tableau suivant, le rythme est en relation étroite avec la difficulté et l'ampleur du travail à accomplir à chaque étape de la réunion.

DURÉE ET RYTHME DU DÉROULEMENT DE LA RÉUNION DU PLAN DE SERVICES

ÉTAPES	Durée approximative en minutes	en %
Étape 1: amorce de la réunion	11	12
Étape 2: présentation de la personne	15	14
Étape 3: identification des besoins	20	23
Étape 4: détermination des objectifs et orientation	37	42
Étape 5: nomination du coordonnateur	04	05
Étape 6: signature du protocole	03	04
Total	90	100

TABLEAU 7.3
Étapes du plan de services.

Bien entendu, cette plage temporelle ne saurait être parfaitement universelle. Elle est très sensible, entre autres, à la cohésion et à la maturité du groupe, à la qualité de l'animation et à la préparation des membres. Des facteurs comme la quantité des besoins à analyser et la participation active et volontaire de la personne et de ses proches influencent aussi de manière importante la durée et le rythme de la réunion.

Le modèle illustré permet toutefois de fixer un cadre temporel optimal qui devrait s'appliquer à la plupart des réunions du plan de services.

Intensité de la réunion

L'intensité de la réunion, c'est-à-dire le degré de puissance que dégage l'équipe pour atteindre son objectif, peut se mesurer selon deux dimensions importantes de la réunion: les relations socio-affectives et les échanges sur les tâches.

Il faut se rappeler que la dimension socio-affective se traduit par des attitudes et des comportements d'aide qui soutiennent positivement la réalisation de la tâche et canalisent les énergies individuelles et de groupe en fonction de l'atteinte du but commun.

Il est normal que certaines étapes du déroulement de la réunion mettent en évidence la nécessité de relations socio-affectives plus intenses. C'est le cas, par exemple, de la première étape que l'on a appelé *l'amorce de la réunion*. Déjà, à la deuxième étape, c'est-à-dire à celle de la présentation de la personne, les comportements d'aide socio-affectifs tendent à prendre moins d'importance puisque les présentations s'achèvent et que l'attention se porte maintenant sur la tâche à accomplir. Les trois autres étapes, c'est-à-dire l'identification des besoins, la détermination des objectifs de services ainsi que l'orientation des ressources et la nomination du coordonnateur, sont surtout des moments consacrés à la réalisation du mandat par des échanges d'informations, des évaluations d'évolution de la personne et des prévisions réalistes de services. C'est aussi le moment de prendre des décisions fondées sur les discussions entre les membres. La signature du protocole du plan de services, dernière étape de la réunion, récompense tangiblement les efforts fournis et intensifie la cohésion du groupe. C'est alors une étape où la dimension socio-affective est relativement intense.

Idéalement, la courbe socio-affective de la vie de l'équipe durant la réunion du plan de services se termine avec une intensité moyenne qui permet aux membres de ressentir une certaine hâte à recommencer une autre réunion du plan de services avec les mêmes personnes sans toutefois rester sous l'impression que l'on termine la réunion de manière trop abrupte.

La figure suivante propose un diagramme d'évolution des dimensions socio-affectives, de la tâche et des procédures en regard des grandes étapes de la réunion du plan de services.

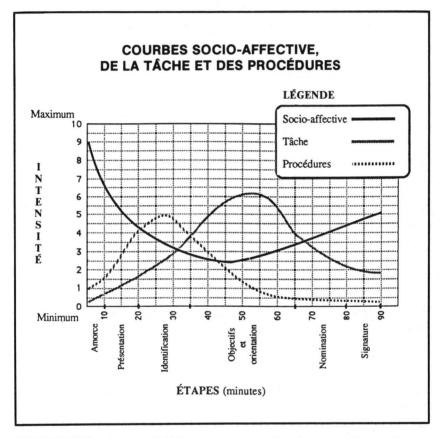

FIGURE 7.1
Évolution des dimensions relatives au fonctionnement de l'équipe du plan de services.

7.6 En résumé

La réunion du plan de services est d'abord une occasion pour la personne et les autres membres de l'équipe de faire le point sur les acquisitions faites par la personne depuis la dernière réunion où, pour une première fois, on a formé l'équipe, évalué collectivement les besoins de la personne et planifié la prestation de services.

Cette rencontre est donc une réunion où les membres prennent des décisions importantes en regard de la qualité de vie de la personne.

La qualité de la réunion est la résultante de la préparation de la réunion par l'animateur mais aussi par tous les membres de l'équipe. Leurs attitudes, leurs comportements d'aide socio-affectifs et la pertinence des informations échangées sont autant de facteurs qui déterminent la réussite de cette rencontre.

Selon l'une ou l'autre des trois dimensions du fonctionnement du groupe, l'animateur peut manifester des comportements d'aide qui facilitent les travaux de l'équipe du plan de services.

L'animateur doit toujours se rappeler que le plan de services a pour objectif de déterminer les meilleurs services pour la personne. L'animateur est d'abord garant du respect des droits de la personne et le soutien des parents dans leur participation avec les professionnels de la santé et des services sociaux réunis autour d'une même table. Le plan de services n'est pas une étude de cas où la personne est l'objet d'analyse de l'équipe.

C'est en raison de la détermination des services en regard des besoins et sur la base d'une philosophie d'intégration sociale, de normalisation des services et de valorisation des rôles individuels et sociaux que se décide la programmation. Dans cette équipe, la personne est un participant et, à ce titre, s'exprime le plus librement possible. Les autres participants l'aident à surmonter son handicap en lui manifestant de la tolérance et surtout de la compréhension.

Parmi les questions les plus épineuses que l'animateur devra affronter lors de son animation, on retrouve souvent les questions liées à la sexualité et celles touchant le changement de ressources. Les relations entre la famille d'accueil et la famille naturelle sont aussi quelquefois conflictuelles. Dans ces situations, l'animateur doit garantir l'application intégrale d'une éthique professionnelle.

Toutefois, la réunion du plan de services est surtout un **moyen de répondre plus adéquatement aux besoins de la personne et de valoriser son rôle social**. Elle ne sera jamais, ni plus, ni mieux que ce que l'équipe est vraiment.

PRINCIPALES RÉFÉRENCES

AMADO, G et A. QUITTET (1975). *La dynamique des communications dans les groupes.* Paris: Librairies Armand Colin.

COHEN, A.M. (1962). Changing Small Group Communication Networks, *Administrative Science Quaterly, 6,* pp. 443-462.

MUCCHIELLI, R. (1982). *Les méthodes actives dans les pédagogies des adultes.* Paris: Les Éditions ESF.

SHAW, M.E. (1981). *Group Dynamics: The Psychology of Small Group Behavior.* New York: McGraw-Hill.

SHAW, M.E. et G.H. Rothschild (1956). Some Effects of Prolonged Experience in Communication Nets, *Journal of Applied Psychology, 40,* pp. 281-286.

LE
PLAN
DE SERVICES
INDIVIDUALISÉ

PARTICIPATION ET ANIMATION

PRATIQUES EN DÉFICIENCE INTELLECTUELLE

CHAPITRE 8

Évaluer le plan de services et le consensus

*par **Marlyne Laperrière** et **Richard Lachapelle***

---

*C'est une vérité générale que la clarté des sentiments
est un préalable pour s'engager dans un changement.
La pertinence des normes du groupe peut s'évaluer au
regard de leur efficacité dans la reconnaissance des
sentiments.*

HEAP, 1987

É valuer la réunion du plan de services, c'est s'assurer d'abord de la participation directe des personnes concernées par la prestation des services. En second lieu, c'est vérifier la volonté de l'équipe du plan de services de mettre en oeuvre la planification élaborée lors de la réunion.

Il apparaît donc important de considérer des dimensions comme l'animation, la participation et le consensus pour mesurer l'atteinte de ces deux objectifs. Ces dimensions nous sont apparues, à l'expérience, être de bonnes indicatrices de la qualité du travail accompli lors de la tenue de la réunion et des retombées prévisibles de ce même travail.

En ce qui a trait à l'animation du plan de services nous avons développé un questionnaire qui permet d'en évaluer huit aspects différents: l'accueil des participants, les relations avec la personne, les relations avec la famille naturelle, les relations avec la famille d'accueil, les relations avec les autres participants, la production du plan de services, le climat de travail et les techniques d'animation. Ce questionnaire est présenté en première partie de ce chapitre. Les dimensions de la participation et du consensus sont expliquées dans un second temps. Elles sont incluses dans un seul et même instrument d'évaluation développé par De Stephen et Hirokawa (1989). Cet instrument fait l'objet d'une présentation dans la deuxième partie de ce chapitre.

△ 8.1 Évaluation de l'animation de la réunion

Nous avons vu, au chapitre traitant de l'équipe du plan de services, que l'animateur assume un rôle de première importance pour l'atteinte des objectifs de l'équipe du plan de services. C'est lui qui dirige les destinées de l'équipe et voit à la préparation du déroulement de la réunion. De plus, une présence attentive aux phénomènes de groupes, aux informations échangées au sein de l'équipe ainsi qu'une empathie manifeste envers les autres membres permettent à l'animateur d'effectuer adéquatement cette fonction importante pour la réussite de l'entreprise groupale. Il s'agit en fait d'amener l'équipe du plan de services, qui est un groupe particulièrement hétérogène à plusieurs égards, à un accord sinon unanime, du moins aussi complet que possible. De la qualité de cet accord dépendra l'application des décisions et des plans d'intervention.

Le protocole intitulé *Évaluation de l'animation de la réunion du plan de services*, est un outil d'évaluation conçu pour détecter les besoins de l'animateur en regard de sa propre animation. Élaboré en 1985 par D. Boisvert et P.A. Ouellet, ce protocole permet notamment à l'animateur de réfléchir aux actions professionnelles posées lors de la réunion du plan de services. En demandant à un autre participant de répondre aux questions portant sur l'animation de la réunion, l'animateur pourrait également se donner un excellent moyen de rétroaction.

Dans le protocole d'évaluation de l'animation de la réunion du plan de services, on retrouve plusieurs aspects importants à observer. Une brève description de chacun d'eux, sous forme d'énoncés, permet d'en saisir l'intérêt.

Accueil des participants

Par l'accueil des participants, l'animateur veut s'assurer que les participants se sentent à l'aise. Il revient alors à l'animateur de les saluer et de faire en sorte que chacun d'eux puisse se présenter. L'animateur clarifie également son rôle et rappelle aux membres l'importance de leur participation en regard du plan de services. Par ce geste, les participants doivent sentir le lien qui les unit au groupe. Ce sentiment d'appartenance est particulièrement important car il incite à une participation plus active à la tâche.

L'animateur dégage ensuite les objectifs de la tâche, explique le déroulement de la réunion et l'utilisation du protocole du plan de services. Toutefois il est essentiel que, dès le départ, le mandat du groupe soit clarifié. Cette étape permet d'inviter les participants à s'impliquer rapidement.

Huit aspects de la dimension ACCUEIL, identifiés au protocole, sont présentés dans la liste des énoncés suivants. L'animateur:

- prend le temps de saluer chacun des participants avant la réunion;
- vérifie discrètement si tous les participants sont présents et observe leurs manifestations d'insécurité;
- demande à chacun de se présenter, dès le début de la rencontre;
- remercie les gens de leur présence et souligne leur importance pour l'élaboration du plan de services;
- dégage les objectifs de la réunion du plan de services;
- explique le protocole du plan de services;
- explique son propre rôle;
- explique le déroulement de la réunion.

Relations avec la personne

L'animateur joue un rôle de première importance dans sa relation avec la personne. Il s'assure, au besoin, que la personne comprenne bien le but de cette réunion. C'est là aussi l'occasion pour la personne d'exprimer ses intérêts et ses attentes. L'animateur est de ce fait quelqu'un qui facilite le travail des autres.

Il est également de la responsabilité et du devoir de l'animateur de faire en sorte que les participants s'adressent à la personne d'une manière valorisante et dans un langage accessible. Les énoncés suivants dressent la liste des comportements d'aide de l'animateur à propos des aspects de ses relations avec la personne. L'animateur:

- explique le but de la réunion et la raison de la présence de chacun;
- facilite l'expression des intérêts et des attentes de la personne;
- s'assure que les forces de la personne soient mises en évidence;
- sollicite l'accord de la personne envers la planification proposée;
- s'assure que la présence de la personne soit valorisée;
- crée un climat favorable à la participation de la personne;
- s'assure que les mots utilisés soient compris par la personne.

Les participants sont réunis pour prendre des décisions concernant la prestation de services à la personne. L'animateur doit donc s'assurer de donner à cette personne toute l'importance qu'elle a en regard de ses propres services.

Relations avec la famille naturelle

L'animateur devra s'assurer que la famille naturelle dispose de temps pour s'exprimer. Il devra également s'assurer de la complémentarité entre la famille naturelle et la famille d'accueil. Le rôle de la famille devra être spécifié en vue d'éclairer les participants. Il est important de comprendre que le rôle de la famille devient plus important lorsque le plan de services s'adresse à une personne mineure. Dans le cas d'une personne majeure, l'animateur devra s'assurer que la famille n'empiète pas sur les droits de la personne. Il peut également permettre à la famille de faire un retour sur la satisfaction des services annuels. L'animateur aide la famille à énoncer les priorités pour l'année et reformule les besoins en objectifs si nécessaire. Les divers aspects à évaluer se retrouvent dans la liste suivante. L'animateur:

- permet à la famille naturelle d'exprimer ses attentes;
- s'assure que les mots soient compris par la famille naturelle;
- voit au respect mutuel des droits de la famille naturelle et de la personne;

- s'assure de la complémentarité entre la famille naturelle et la famille d'accueil;
- vérifie la satisfaction envers les services reçus;
- s'assure que le rôle spécifique de la famille est bien compris.

Relations avec la famille d'accueil

Dans sa relation avec la famille d'accueil, l'animateur doit créer les conditions nécessaires à l'expression libre et entière. Il explique brièvement aux autres membres de l'équipe le rôle de la famille. Il s'assure de l'existence d'une communication adéquate entre la famille naturelle et la famille d'accueil. La liste des énoncés suivants permet de saisir toutes les compétences nécessaires à l'animateur dans sa relation avec la famille d'accueil. L'animateur:

- facilite l'expression des attentes de la famille d'accueil;
- s'assure que la famille d'accueil identifie les forces et les besoins de la personne;
- s'assure de la complémentarité de la famille d'accueil et de la famille naturelle;
- explique le rôle de la famille d'accueil aux autres membres de l'équipe.

Relations avec les autres participants

Tout en laissant libre cours à l'expression de chaque participant, l'animateur contrôle le temps des interventions pour s'assurer que tous ont l'occasion d'utiliser ce droit. L'animateur s'assure aussi que la présentation des évaluations faites par les praticiens présente les forces et les qualités de la personne. L'animateur invite également les intervenants à expliquer les fondements des différents programmes d'intervention et il fait le point sur les rôles respectifs des intervenants présents et les rôles de ceux qui sont absents à la réunion. Les énoncés-types suivants montrent l'importance des comportements de l'animateur dans le maintien des relations animateur-participants. Ainsi l'animateur:

- sollicite des participants l'utilisation d'un langage accessible;

- s'assure que les participants expriment les forces et les qualités de la personne;
- encourage les participants à relater des faits plutôt que des jugements de valeur;
- s'assure que les différents programmes d'intervention soient expliqués;
- favorise la compréhension adéquate du rôle des participants.

Production du plan de services

Cette composante de la réunion du plan de services est probablement celle qui pose le plus de difficultés à l'animateur. En effet, c'est au moment de compléter le protocole du plan de services que les discussions deviennent généralement plus intenses. L'animateur doit donc être aux aguets afin d'éviter les conflits. À tout moment, il devra s'assurer que les décisions prises soient respectueuses des droits de la personne et qu'elles soient en accord avec ses intérêts et ses goûts.

L'animateur vérifie que tous comprennent bien les concepts de forces, besoins en matière de ressources et besoins en matière de programmes d'intervention. Il s'assure aussi qu'il y a eu consensus véritable entre les membres à propos de chaque décision importante.

L'équipe nomme un coordonnateur dont les tâches commenceront dès la fin de la réunion du plan de services.

Les principaux comportements d'aide de l'animateur à propos de la tâche de production du plan de services sont les suivants. L'animateur:

- explique la procédure du plan de services et la fait respecter;
- s'assure que les principaux concepts utilisés soient compris;
- voit à la prise de notes pour le procès-verbal;
- vérifie le consensus à propos des décisions importantes;
- s'assure que soit valorisé le rôle social de la personne;
- s'assure du respect des droits de la personne;
- participe à la nomination du coordonnateur;
- propose la date de la prochaine réunion.

Climat de travail

À chaque instant de la réunion, l'animateur doit être attentif au climat régnant dans le groupe. Il doit s'assurer que les participants soient égaux en droit et en dignité, qu'aucune personne ne se sente dévalorisée ou perdante dans le processus de prise de décision. Il revient alors à l'animateur de bien identifier les irritants du groupe qui nuisent au climat.

Tout comme l'accueil des participants, le climat du groupe est un aspect très important qui influence la qualité de la réunion. Il faut donc que l'animateur crée une atmosphère de détente, propice à la participation de chaque membre de l'équipe.

Les six aspects suivants font partie de la liste des énoncés à évaluer qui concernent le climat de travail en groupe. Ainsi, l'animateur:

- aide au maintien d'un bon climat de travail;
- favorise la résolution des conflits interpersonnels;
- utilise l'humour au besoin;
- s'assure qu'aucune personne ne soit dévalorisée;
- favorise l'égalité en droit et en dignité de tous les participants;
- s'assure que le climat du groupe soit positif et permette à nouveau la tenue de la réunion du plan de services.

Techniques d'animation

À tout moment, l'animateur observe les réactions des participants. Les données qu'il recueille lui servent à ajuster ses propres interventions quant à la procédure, au climat de travail et aux relations socio-affectives du groupe.

L'animateur doit toujours être neutre et ses commentaires doivent l'être également. Par contre, il cherche à défendre les intérêts de la personne, lorsque le besoin s'en fait sentir. L'animateur doit aider les participants à respecter le temps alloué à la réunion, soit de 90 à 120 minutes. Il peut augmenter ou diminuer le rythme des échanges, selon la qualité du travail accompli, la quantité d'informations à traiter et la qualité des relations entre les membres. Pour ce faire, il doit, à l'occasion, centrer les gens sur la tâche à accomplir et rappeler au groupe les objectifs de la rencontre.

Avec les douze énoncés suivants, on peut évaluer l'animation proprement dite par l'entremise des techniques, des attitudes et des comportements de l'animateur. L'animateur:

- est présent à tout ce qui se passe;
- s'efforce de comprendre les messages verbaux et non verbaux;
- est juste mais ferme et permet d'arriver à une solution équitable;
- réagit avec chaleur et empathie;
- cherche à découvrir l'origine des conflits et des tensions;
- défend loyalement la personne lorsque nécessaire;
- se montre objectif dans ses remarques;
- fait des synthèses au besoin;
- rappelle constamment au groupe l'objectif de la rencontre et ramène le groupe à la tâche;
- reste neutre et est capable de convenir, au besoin, du règlement d'un conflit pour centrer à nouveau le groupe sur la tâche;
- s'assure constamment que tout ce qui est dit en réunion porte sur des faits, des situations descriptives, mesurées, mesurables;
- gère bien le temps en accélérant ou diminuant le rythme de travail.

Nous convenons que l'animation de la réunion du plan de services n'est pas une tâche facile. Plusieurs qualités sont nécessaires à l'accomplissement adéquat de cette tâche. Chaque équipe présente un défi différent. Les événements qui précèdent la réunion peuvent évidemment influencer l'efficacité des membres de l'équipe. L'animateur devra donc apprendre à composer avec tous ces imprévus. À l'occasion, il pourra même demander à un autre membre de l'équipe de lui fournir des indices de l'inconfort ou de l'incompréhension de certains membres de l'équipe.

L'évaluation ou l'auto-évaluation de l'animation reste donc une étape importante dans l'élaboration du plan de services. Cette étape lui permet d'ajuster ses techniques aux besoins de l'équipe et de manifester des attitudes et des comportements qui aident la personne et les autres membres de l'équipe.

△ *8.2 La cotation des aspects de l'animation*

Le protocole présenté section par section en 8.1 permet de coter quantitativement les énoncés décrivant chacun des aspects de l'évaluation de l'animation de la réunion du plan de services. Sur une échelle de type Likert variant de 0 à 3 points, l'évaluateur indique le chiffre correspondant le plus à la performance de l'animateur selon la pondération suivante:

(0) pour indiquer que l'animateur à omis d'effectuer le comportement approprié;

(1) pour indiquer que la performance est faible et que le comportement évalué peut être amélioré;

(2) pour indiquer que la performance est suffisante mais que le comportement peut encore être amélioré;

(3) pour indiquer que la performance est très bonne.

À la lumière de la compilation des données de chaque aspect, l'animateur peut vérifier, point par point, sa performance en tant qu'animateur. Pour ce faire, il compile les résultats obtenus (sous-total), multiplie par le facteur de pondération approprié, et trace l'histogramme de son animation. Examinons le bilan d'une animation du plan de services à l'aide d'un exemple.

Évaluation de l'animation de Maryse

Maryse a animé la réunion du plan de services de Benoît. Tout semble s'être bien déroulé. À la suite de la réunion, Maryse évalue ses comportements et compile les résultats obtenus à propos des différents aspects de son évaluation. Elle se rend compte que plusieurs éléments de l'accueil ont été faibles. En effet, Maryse a omis de présenter chacun des participants. Pierre, qui participait à la réunion du plan de services, lui a fait remarquer qu'il n'a finalement compris qu'après une vingtaine de minutes à partir du début de la réunion, que l'homme assis à sa droite était le parrain civique de Benoît... Pierre a également noté que le professeur de Benoît ne semblait pas comprendre le protocole du plan de services qui d'ailleurs, ne lui a jamais été expliqué. Maryse lui mentionne qu'étant très nerveuse au début de la réunion, elle a omis de saluer et de remercier les participants. Elle fait part à Pierre que si c'était à recommencer, elle se préparerait plus adéquatement pour assumer son rôle d'animatrice.

Malgré ces lacunes, Maryse s'assurait à tout moment que Benoît puisse exprimer son avis sur les propositions qui lui étaient faites. En faisant preuve de délicatesse, elle a su créer un climat de confiance permettant à Benoît d'émettre ses préférences et de donner son avis. À l'occasion, elle a donné des explications supplémentaires à Benoît qui ne semblait pas toujours comprendre les discussions en cours. Voici les résultats quantitatifs auxquels elle arrive en additionnant les cotes obtenues à chaque question et en multipliant par le facteur de pondération approprié:

- accueil des participants: 15/36 (1.5)
- relations avec la personne: 30/36 (1.7)
- relations avec la famille naturelle: n/a (2.0)
- relations avec la famille d'accueil: 27.2/36 (3.0)
- relations avec les autres participants: 26.4 /36 (2.4)
- production du psi: 24/36 (2.0)
- climat de travail: 24/36 (2.0)
- techniques d'animation: 25/36 (1.0)

Comme l'indique la figure 8.1 (Histogramme des résultats de l'évaluation de l'animation), une bonne performance est celle qui montre que l'animateur a accumulé plus de 75 % des points pour chacun des aspects de son animation. À l'inverse, une contre-performance est celle qui n'obtient que 50 % ou moins des points pour l'un ou l'autre des aspects. Les résultats qui s'inscrivent dans la zone située entre ces deux référents indiquent que des améliorations doivent être apportées à l'animation. Dans cet exemple, il faudait que Maryse accorde une attention particulière à l'accueil qu'elle réserve aux participants.

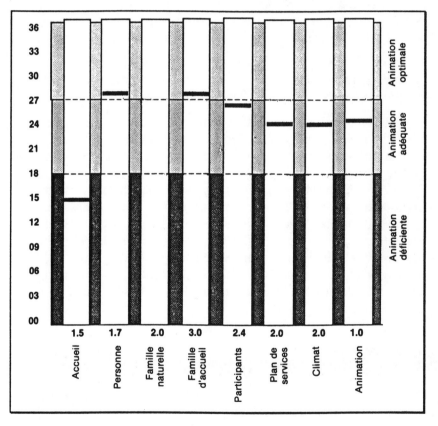

FIGURE 8.1
Histogramme des résultats de l'évaluation de l'animation.

8.3 L'évaluation du consensus

Une caractéristique importante d'un bon animateur en matière d'évaluation de la réunion du plan de services est sans doute sa capacité à analyser et à distinguer le type de consensus dans l'équipe.

La rencontre du plan de services met en action une équipe dont la composition est variable d'une réunion à l'autre, puisqu'elle se forme selon les besoins de la personne, lesquels sont eux-mêmes en mutation. En d'autres mots, plusieurs paramètres importants de la réunion du plan de services varient vraisemblablement d'une réunion à l'autre. Aussi, que ce soit au plan de la composition, du climat ou de la manière de réaliser la tâche, les équipes se distinguent les unes des autres.

La notion de consensus varie aussi d'une équipe à l'autre selon le type de participation au processus de décision et le degré d'engagement des participants envers la décision finale.

Plusieurs auteurs (voir Geonetta et Gouran; 1977, Knutson et Kowitz; 1977) présentent le consensus comme le produit d'une discussion. Mais ce concept peut être aussi perçu comme le sentiment des membres face à la décision du groupe (voir Klimoski et Karol; 1976, Zaleznik et Moment; 1964). Dans ce cas, le consensus pourrait prendre trois sens. D'abord, il peut traduire l'accord des membres envers la décision du groupe parce qu'ils considèrent que la décision est correcte ou que les options individuelles sont bien incluses dans la décision finale du groupe. Deuxièmement, le consensus peut signifier un engagement des membres à travailler pour la réalisation des décisions du groupe. Troisièmement, le consensus peut être perçu comme un rapport de satisfaction des membres face au groupe.

Types de consensus

L'évaluation du consensus doit tenir compte des différents types de consensus possibles au sein de l'équipe. On identifie généralement trois types de consensus: les consensus artificiel, résigné et voulu.

Le consensus artificiel est habituellement obtenu par la manipulation des membres de l'équipe, suite à une pression indue d'une partie du groupe ou de l'animateur. Les attitudes manifestées lors de la réunion sont artificielles et éphémères. C'est un consensus non souhaitable, que l'animateur doit éviter le plus possible. Ce consensus est autocratique.

Le consensus résigné est caractérisé par l'expression «faute de mieux». Il a peu d'effet sur l'équipe à l'exception de ne pas mobiliser suffisamment les membres en vue de l'action à entreprendre.

Au contraire, le consensus voulu est un consensus partagé par tous les membres, tant au plan rationnel qu'au plan affectif, désiré individuellement et exprimé par l'équipe entière.

On peut imaginer facilement qu'un consensus non voulu invalide les engagements de la réunion. Par conséquent, le consensus affecte la réponse même aux besoins de la personne. De plus, sans un consensus voulu, la coordination du plan de services s'avère une tâche presque irréalisable.

Évaluation du consensus

Il est possible d'évaluer le degré de consensus d'un groupe. Depuis peu, il existe un instrument de mesure du consensus facilement utilisable qui a été développé, en 1988, par deux américaines, Rolayne De Stephen et Randy Hirokawa.

Cet instrument est composé de 17 questions qui sont regroupées sous cinq aspects intrinsèques au concept de consensus. Ces aspects font appel aux sentiments des membres en regard: 1) de la décision du groupe, 2) du processus de prise de décision, 3) des relations entre les membres, 4) de l'efficacité individuelle et 5) de l'opportunité individuelle de participer. Nous allons présenter ici ces aspects en les accompagnant d'une brève description des éléments d'évaluation.

1. Les sentiments des membres en regard de la décision du groupe comprennent les éléments qui mettent en lumière la qualité des solutions dans la décision du groupe.

2. Les sentiments en regard du processus de prise de décision permettent d'identifier si la tâche a été abordée de manière structurée et si le processus de décision a été efficace selon les membres.

3. Les sentiments en regard des relations entre les membres incluent les éléments relatifs au climat, c'est-à-dire à la dimension affective du groupe.

4. Les sentiments en regard de l'efficacité individuelle comprennent des éléments reliés à la participation individuelle, au respect des idées et à l'écoute des propos de chaque individu.

5. Les sentiments en regard de l'opportunité individuelle de participer sont liés à l'évaluation du sentiment de contribuer positivement au travail du groupe.

 ## 8.4. Grille d'évaluation du consensus

De Stephen et Hirokawa utilisent une échelle de type Likert à cinq points (tableau 8.1) pour discriminer le degré d'adhésion des membres envers un énoncé: (1) en désaccord jusqu'à (5) d'accord.

Les auteurs confirment que le consensus réel est obtenu lorsque les cotes moyennes de chaque aspect sont égales ou supérieures à 4.63 sur un maximum possible de 5. Cette moyenne élevée s'explique par le fait que l'on évalue une très forte probabilité de passer à l'action et que, dans ce cas, on ne peut pas se permettre des écarts considérables.

Au contraire, une moyenne faible (M = 3,35 ou moins) pourrait signifier que les membres perçoivent le groupe comme inefficace, incapable de prendre les «bonnes décisions» et, par conséquent, se détachent ou se désaffilient du groupe lui-même. Évidemment, nous devrions conclure que la réunion du plan de services n'établit pas de réel consensus et que les actions entreprises auraient peu d'impact.

Sentiments en regard de la décision du groupe

1. Le groupe est parvenu à la bonne décision.
2. Je crois que la décision ou la solution de notre groupe est appropriée.
3. J'appuie la décision finale du groupe.
4. Je crois que nous avons choisi la meilleure solution possible.
5. J'ai l'intention de consacrer des efforts pour donner suite à la décision du groupe.

Sentiments en regard du processus de prise de décision

6. Je crois que nous avons abordé notre tâche d'une manière structurée.
7. Ce groupe utilise des techniques de prises de décision efficaces.

Sentiments en regard des relations entre les membres du groupe

8. Dans ce groupe, les personnes pouvaient s'exprimer librement.
9. J'aime les membres de mon groupe.
10. J'aimerais travailler avec les membres de mon groupe à un autre projet similaire.

Sentiments en regard de l'efficacité individuelle

11. Je crois avoir émis des idées importantes durant le processus de prise de décision.
12. Je crois avoir beaucoup d'influence sur le processus de prise de décision.
13. J'ai donné de l'information importante durant le processus de prise de décision.

Sentiments en regard de l'opportunité individuelle de participer

14. Durant les réunions du groupe, j'ai pu participer lorsque je le désirais.
15. Je crois que les autres membres du groupe m'ont apprécié.
16. Les autres membres du groupe ont véritablement écouté ce que j'avais à dire.
17. J'ai le sentiment d'avoir été un membre à part entière du groupe.

TABLEAU 8.1
Instrument de mesure du consensus[1].

---

1 Texte de De Stephen et Kirokawa traduit de l'anglais par Marjolaine Drouin et Daniel Boisvert (1988).

△ 8.5 *En résumé*

En vue de s'assurer d'une participation directe des personnes concernées par la prestation de services, il est essentiel d'évaluer la réunion du plan de services et de vérifier la volonté de l'équipe de mettre en oeuvre la planification élaborée.

Un questionnaire a été développé permettant d'évaluer huit aspects différents de l'animation de la réunion du plan de services: l'accueil des participants, les relations avec la personne, les relations avec la famille naturelle, les relations avec la famille d'accueil, les relations avec les autres participants, la production du plan de services, le climat de travail et les techniques d'animation.

Une caractéristique importante d'un bon animateur en matière d'évaluation de la réunion du plan de services est sans doute sa capacité à analyser et à distinguer le type de consensus dans l'équipe. Aussi, que ce soit au plan de la composition, du climat et de la manière de réaliser la tâche, les équipes se distinguent les unes des autres.

La notion de consensus varie également d'une équipe à l'autre selon le type de participation au processus de décision et du degré d'engagement des participants envers la décision finale.

L'évaluation du consensus doit tenir compte des différents types de consensus possibles au sein de l'équipe. On identifie généralement trois types de consensus: les consensus artificiel, résigné et voulu.

Il existe un instrument de mesure du consensus facilement utilisable qui a été développé, en 1988, par deux américaines, Rolayne De Stephen et Randy Hirokawa.

Cet instrument qui permet d'évaluer le degré de consensus d'un groupe est composé de 17 questions regroupées sous cinq aspects du concept de consensus. Ces aspects font appel aux sentiments des membres en regard: 1) de la décision du groupe, 2) du processus de prise de décision, 3) des relations entre les membres, 4) de l'efficacité individuelle et 5) de l'opportunité individuelle de participer.

PRINCIPALES RÉFÉRENCES

BOISVERT, D. et P.A. OUELLET (1985). *Auto-évaluation de l'animation de la réunion du plan de services.* Trois-Rivières: Éditions génagogiques.

DE STEPHEN, R. S., et R.,Y. HIROKAWA (1988). Small Group Consensus. Stability of Groups Support of the Decision process, and Group relationships, *Small Group Behavior, 19,* 2, pp. 227-239.

GEONETTA, S. C. et D.S. GOURAN (1977). Patterns of Interaction as a Fonction of the Degree of Leadership Centralization in Decision-making Groups, *Central States Speech Journal, 28,* pp. 46-53.

KLIMOSKI, R.J. et B.L. KAROL (1976). The impact of Trust on Creative Problem-solving Groups, *Journal of Applied Psychology, 61,* pp. 630-633.

KNUTSON, T. J. et , A.C. KOWITZ (1977). Effects of information Type and Level of Orientation on consensus Achievement in Substantive and Affective Conflict, *Central States Speech Journal, 28,* pp. 54-63.

ZALEZNIK, A. et D. MOMENT (1964). *The Dynamics of Interpersonal Behavior.* New-York: John Wiley.

Conclusion

La participation des membres de l'équipe du plan de services et l'animation de la réunion sont deux composantes essentielles qui conduisent les divers bénévoles et intervenants à une planification plus adéquate des services.

Le plan de services prend une certaine valeur s'il s'inscrit dans la perspective de l'intégration sociale de la personne. C'est pourquoi l'actualisation du plan de services n'est possible et n'a de chances de se réaliser qu'en raison de l'utilisation de ressources intégrées, c'est-à-dire de ressources communautaires. Pour y parvenir, les intervenants doivent partager les mêmes croyances en matière de normalisation de services et de valorisation des rôles sociaux de la personne. Les partenaires actifs de l'intégration sociale doivent manifester une volonté de partager leurs pouvoirs situationnels. Tous devraient croire aux compétences de la personne qui demeure le premier agent de son intégration.

La valorisation des rôles sociaux de la personne se manifeste notamment par la réduction ou la disparition de stigmates et la modification d'attitudes fondées principalement sur des préjugés négatifs à propos de la personne déficiente intellectuelle. Ses effets se sont fait sentir par une valorisation de l'image sociale de la personne qui, à son tour, agit positivement sur les compétences de la personne en réduisant son état de déviance.

Le plan de services est donc, avant tout, un état d'esprit qui traduit une volonté de donner priorité à la personne et d'intervenir auprès d'elle par l'utilisation des réseaux sociaux les plus normalisants possible. Cinq étapes marquent la réalisation du plan de services: la référence, l'évaluation fonctionnelle globale de la personne, l'élaboration du plan de services lui-même, l'actualisation des divers plans d'intervention et, en dernier lieu, la coordination et le suivi du plan de services.

Les plans d'interventions sont l'articulation des plans de services et comprennent l'identification des besoins de la personne, les objectifs à poursuivre, les moyens utilisés et la durée prévisible des services. Tous ces plans, d'interventions ou de services, visent à favoriser l'accès à de multiples services concomitants, à augmenter la qualité de la planification des services et la coordination des ressources.

L'évaluation de la personne se centre plus spécifiquement sur ses forces et fait ressortir ses besoins en matière de ressources, de programmes et d'interventions nécessaires à son développement. Dans une deuxième étape, les déficits de fonctionnement observés sont transposés en besoins d'apprentissage et d'intervention. Le cumul des données d'évaluation invite les intervenants à resituer leur jugement dans une perspective plus globalisante en regroupant les données sous les principaux secteurs d'activités d'une vie normale. Dans une troisième étape, les membres de l'équipe du plan de services identifient les apprentissages nécessaires à acquérir pour que la personne puisse fonctionner de manière plus autonome, en utilisant les ressources les plus normalisantes possible. Cependant, il est souvent nécessaire d'accorder un ordre de priorité à la satisfaction des besoins lorsque ceux-ci sont trop nombreux. Des critères de sélection sont alors nécessaires. Parmi les critères les plus courants, nous retrouvons notamment la sécurité physique de la personne et de son entourage. Tout ce travail de priorisation des besoins se fait par la concertation des membres de l'équipe du plan de services qu'il n'est pas toujours facile d'obtenir.

L'équipe du plan de services est un groupe restreint, hétérogène à plusieurs égards, notamment aux plans des représentations corporatives et des statuts de ses membres. Ces obstacles peuvent être surmontés si les membres conviennent de placer les besoins de la personne au centre de leurs préoccupations. Composée de la personne elle-même, des intervenants et quelquefois des parents, l'équipe du plan de services assume, lors de la réunion, quatre rôles importants: l'animation, l'aide à la personne et à sa famille, le secrétariat et la mise en oeuvre du plan de services.

La réunion du plan de services est une rencontre où les membres de l'équipe prennent des décisions importantes en regard de la qualité de vie de la personne. L'efficacité de la réunion est la résultante de la préparation de l'animateur et des autres membres, particulièrement celle des parents et de la personne. Leurs attitudes, leurs comportements d'aide et la pertinence des informations échangées sont autant de facteurs qui influencent la réussite de cette rencontre. La réunion du plan de services est aussi une activité qui se planifie et où l'on partage le temps en différentes étapes pour permettre l'atteinte du but de l'équipe. Une réunion efficace se termine par une évaluation adéquate des gestes accomplis.

L'application du plan de services est aussi une modalité d'organisation de services qui a des implications administratives importantes. À ce titre, le plan de services ne peut s'implanter à tout hasard, comme un mode, sans qu'au préalable les administrateurs n'aient fait une révision de leur organisation de services. En effet, l'approche du «Plan de services» nécessite une volonté administrative claire, réelle et vraie de mettre en commun leurs ressources.

Outre la volonté administrative, il faut aussi que tous les participants aient également la volonté de partager leur pouvoir, leurs connaissances et leurs habiletés.

La réunion du plan de services a une importance certaine. Toutefois, il ne faudrait pas croire qu'elle est toujours nécessaire, indispensable et même souhaitable. Il y a réunion du plan de services seulement si la complexité des besoins et le nombre d'intervenants le justifient.

Ainsi, les parents d'un enfant ayant une déficience intellectuelle peuvent prendre l'initiative du plan de services, le planifier, l'actualiser et le coordonner si les besoins de leur enfant se limitent, par exemple, à l'intégration dans une garderie ou en milieu scolaire. Cependant, s'il s'agit d'un adulte ayant des besoins psycho-sociaux, d'intégration socio-professionnelle, d'hébergement ou de réadaptation physique en raison de la paralysie des membres inférieurs, il serait préférable de réunir tous les intervenants impliqués. De plus, la réunion du plan de services sera importante pour bien préparer une orientation de vie. C'est le cas, par exemple, de l'intégration sociale d'une personne vivant en institution ou de l'hébergement de la personne en milieu résidentiel substitué.

Appendices

Appendice 1

PROTOCOLE
DE PRÉPARATION
DU PLAN DE SERVICES

Instrument de préparation

RENSEIGNEMENTS PERSONNELS

Nom de la personne:_____ Prénom: _____

Date de naissance: _____ Âge: _____

Adresse: _____

_____

_____

Nom du père: _____ Nom de la mère: _____

Adresse: _____ Adresse: _____

_____ _____

_____ _____

1.0 ASPECT HISTORIQUE DES SERVICES

_____

_____

_____

_____

_____

_____

_____

_____

_____

_____

_____

_____

_____

_____

_____

_____

_____

_____

_____

_____

2.0 ENVIRONNEMENT SOCIAL ACTUEL DE LA PERSONNE

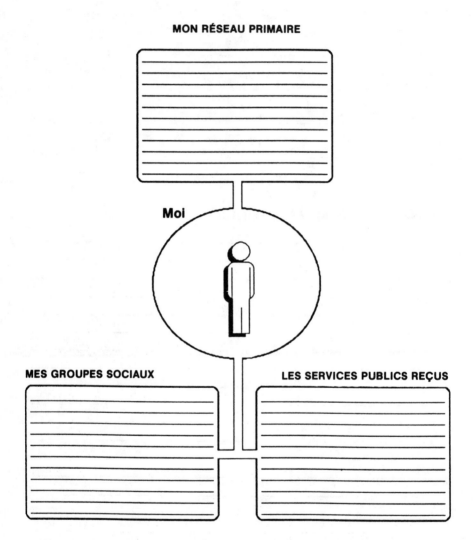

3.0 PERSONNES SIGNIFICATIVES POUR LA RÉUNION DU PLAN DE SERVICES

NOM	ADRESSE	TÉLÉPHONE

4.0 ÉVOLUTION GÉNÉRALE DE LA PERSONNE

4.1 Faits significatifs et changements majeurs

4.2 Atteinte des objectifs précédents

OBJECTIFS   RÉSULTATS

_____   _____
_____   _____
_____   _____
_____   _____
_____   _____
_____   _____
_____   _____
_____   _____
_____   _____
_____   _____
_____   _____
_____   _____
_____   _____
_____   _____
_____   _____
_____   _____
_____   _____
_____   _____
_____   _____
_____   _____
_____   _____
_____   _____
_____   _____
_____   _____
_____   _____
_____   _____
_____   _____
_____   _____

5.0 IDENTIFICATION DES FORCES DE LA PERSONNE

_____
_____
_____
_____
_____
_____
_____
_____
_____
_____
_____
_____
_____
_____
_____
_____
_____
_____
_____
_____
_____
_____
_____
_____
_____
_____
_____
_____
_____

6.0 BESOINS DE LA PERSONNE EN MATIÈRE DE RESSOURCES OU SERVICES

6.1 Ressources résidentielles

Dans quel environnement la personne devrait-elle vivre pour développer ou réaliser au maximum ses capacités et recevoir réponse à la majorité de ses besoins à court terme (d'ici un an), à moyen terme (d'ici un à deux ans)?

_____

_____

_____

_____

6.2 Ressources socio-professionnelles

Dans quel environnement la personne devrait-elle travailler pour développer ou utiliser au maximum ses capacité et recevoir réponse à la majorité de ses besoins à court terme (d'ici un an), à moyen terme (d'ici un à deux ans)?

_____

_____

_____

_____

6.3 Ressources éducatives

Quel type de ressources scolaires (école, programme spécial de jour, éducation aux adultes ou éducation populaire) offre le ou les programmes d'apprentissage dont la personne aurait besoin au cours de la prochaine année pour apprendre à mener une vie aussi autonome et aussi productive que possible?

_____

_____

_____

_____

6.4 Ressources communautaires

6.4.1 Quelles ressources ou services communautaires la personne aurait-elle avantage à utiliser au cours de l'année à venir pour développer ou utiliser ses capacités au maximum et recevoir réponse à ses besoins? (Précisez la ressource et la fréquence d'utilisation.)

_____

_____

_____

_____

6.4.2 Quels obstacles empêchent actuellement la personne d'avoir accès à ces ressources? Quelles solutions sont envisageables?

_____

_____

_____

_____

6.4.3 Quelles interactions sociales la personne devrait-elle avoir en cours d'année pour être stimulée et recevoir réponse à ses besoins affectifs dans sa famille immédiate? dans sa famille élargie? auprès d'amis? auprès du personnel intervenant? auprès du travailleur social? auprès d'un parrain civique ou bénévole? auprès de voisins? etc.

_____

_____

_____

_____

6.5 Ressources professionnelles

La personne a-t-elle besoin d'être évaluée, traitée ou suivie par un professionnel au cours de l'année à venir? (Précisez le type d'évaluation ou de suivi ainsi que le motif.)

_____

_____

_____

_____

7.0 BESOINS DE LA PERSONNE EN MATIÈRE DE PROGRAMMES ET D'INTERVENTIONS

7.1 Plan physique

Programme: Qu'est-ce que la personne aurait besoin d'apprendre pour mieux fonctionner ou se prendre en charge au plan physique?

_____

_____

_____

_____

Intervention: Y a-t-il des interventions à mettre en place ou à poursuivre afin de garantir un mieux être à la personne au plan physique?

_____

_____

_____

_____

7.2 Secteur résidentiel

Programme: Qu'est-ce que la personne aurait besoin d'apprendre pour fonctionner de façon plus autonome dans un milieu résidentiel le plus normalement possible?

_____

_____

_____

_____

Intervention: Y a-t-il des interventions à mettre en place pour permettre à la personne de vivre dans un milieu résidentiel le plus normalement possible?

_____

_____

_____

_____

7.3 Secteur socio-professionnel

Programme: Qu'est-ce que la personne aurait besoin d'apprendre pour fonctionner de façon plus autonome et productive dans un milieu de travail le plus normalement possible?

_____

_____

_____

_____

Intervention: Y a-t-il des interventions à poursuivre ou à mettre en place pour permettre à la personne de fonctionner dans un milieu de travail le plus normalement possible?

_____

_____

_____

_____

7.4 Secteur éducatif

Programme: Quelles sont les connaissances (transmises à travers les ressources d'éducation) dont la personne aurait besoin pour fonctionner de façon plus autonome et productive dans la vie?

_____

_____

_____

_____

Intervention: Y a-t-il des interventions à poursuivre ou à mettre en place pour permettre à la personne de profiter des ressources éducatives?

_____

_____

_____

_____

7.5 Secteur communautaire

Programme: Qu'est-ce que la personne aurait besoin d'apprendre pour s'intégrer davantage et fonctionner de façon plus harmonieuse et plus autonome dans la communauté?

_____

_____

_____

_____

Intervention: Y a-t-il des interventions à poursuivre ou à mettre en place pour permettre à la personne de fonctionner dans la communauté?

_____

_____

_____

_____

Appendice 2

Protocole
DU PLAN DE SERVICES

Guide d'animation et de participation

1.0 IDENTIFICATION DE LA PERSONNE

M. ou Mme _____   Date de naissance _____
                                                              jour   mois   année

Adresse _____   N° ass. sociale _____ _____ _____

_____   N° ass. maladie _____

_____

N° de téléphone: (   ) _____

2.0 COORDINATION

_____   _____
            M. ou Mme   Fonction

3.0 PARTICIPATION

_____   _____

_____   _____

_____   _____

_____   _____

_____   _____

_____   _____

_____   _____
      Nom des participants   Fonction

4.0 INFORMATIONS SUR LA RÉUNION

Date de la tenue de la présente réunion _____

Date prévue de la prochaine réunion _____

Signature des participant(e)s à la fin de la présente réunion

_____

_____

_____

_____

_____

_____

_____

5.0 PLANIFICATION DES INTERVENTIONS

5.1 Besoins en matière de programme et d'interventions

OBJECTIFS	INTERVENTIONS PRÉVUES	RESPONSABLE DE L'INTERVENTION	DATE DE LA RÉALISATION

5.0 PLANIFICATION DES INTERVENTIONS

5.2 Besoins en matière de ressources et services

OBJECTIFS	INTERVENTIONS PRÉVUES	RESPONSABLE DE L'INTERVENTION	DATE DE LA RÉALISATION

5.0 PLANIFICATION DES INTERVENTIONS

5.3 Besoins en ressources inexistantes

OBJECTIFS	INTERVENTIONS PRÉVUES	RESPONSABLE DE L'INTERVENTION	DATE DE LA RÉALISATION

ÉVALUATION DE LA DÉCISION (à chaud) [1]

en désaccord / d'accord

1. Le groupe a recherché la bonne décision.

   1   2   3   4   5

2. Je crois que la décision prise est appropriée.

   1   2   3   4   5

3. Je fais mienne la décision finale du groupe.

   1   2   3   4   5

4. Je crois que nous avons choisi la meilleure alternative possible.

   1   2   3   4   5

5. J'ai la volonté de consacrer les efforts nécessaires à l'actualisation de la décision.

   1   2   ·3   4   5

TOTAL   /25

---

[1] Inspirée de DeStephens R. et R. Hirokawa (1988). Small Group Consensus: Stability of Group Support of the Decision, Task process, and Group Relationships, dans *Small Group Behavior, 19*, 2, pp. 277-39.

Appendice 3

Protocole d'évaluation de l'animation de la réunion du plan de services

Instrument d'observation et d'évaluation

Présentation

Le présent guide d'évaluation intitulé «**Protocole d'évaluation de l'animation de la réunion du plan de services**» se veut une participation directe à l'amélioration des services à la clientèle au chapitre de la coordination et de la planification des services. La réunion du plan de services, si elle est nécessaire, devient un carrefour indispensable d'échanges.

L'animation de cette rencontre, appelée plan de services, est extrêmement importante et difficile à la fois. Importante puisque les services, pour être de qualité, doivent être planifiés et coordonnés. Difficile parce que l'équipe du plan de services est un groupe instable et hétérogène.

Dans cet esprit, soucieux de participer à qualifier la coordination et la planification des services et des ressources, nous avons travaillé à mettre en place un instrument d'évaluation pour l'animateur. Cet instrument qui est propre à chaque animateur se veut, d'une part, un rappel constant des quelque 54 points jugés indispensables à une bonne animation de la réunion d'un plan de services et, d'autre part, un suivi individuel afin d'améliorer la performance de chacun des animateurs.

L'animateur devrait toujours se souvenir qu'une réunion doit être nécessairement préparée. Faute de préparation adéquate, la réunion est vouée à l'échec. La qualité des résultats des échanges est directement proportionnelle à la qualité de la préparation de la réunion.

Le terme animateur ou tout autre terme utilisé pour désigner un participant fait référence à toute personne, homme ou femme, assumant un rôle lors de la réunion du plan de services.

Daniel Boisvert, Ph.D.
Université du Québec à Trois-Rivières

P.A. Ouellet, d.g.
C.A. NOR-VAL

Évaluation de l'animation de la réunion du plan de services

OBJECTIF

Permettre à l'animateur de la réunion du plan de services de réfléchir à l'action professionnelle qu'il pose.

PERTINENCE

Lorsqu'un groupe de personnes se réunit pour élaborer un plan de services.

MATÉRIEL

Crayons, feuilles de cotation et feuilles de compilation graphique.

PROCÉDURES

1. Inscrire le nom de l'animateur et celui du groupe ainsi que la date de la réunion dans l'espace réservé à cette fin.

2. Identifier le nom des participants ainsi que leur qualité de membre dans l'espace prévu à cette fin.

3. Durant la session, noter sur une feuille les observations importantes qui peuvent vous aider à évaluer ultérieurement votre performance.

4. Après la réunion, évaluer votre performance à l'aide du questionnaire d'évaluation.

5. En dernier lieu, compléter la feuille de compilation graphique.

NORMES D'OBSERVATIONS

1. Lors de la réunion, notez brièvement vos observations pour ne pas nuire à votre participation.

2. Vos observations doivent concerner les thèmes suivants:

    2.1 Accueil

    2.2 Relations avec la personne

    2.3 Relations avec la famille naturelle

    2.4 Relations avec la famille d'accueil

    2.5 Relations avec les autres participants

    2.6 Production du plan de services

    2.7 Climat de travail

    2.8 Techniques d'animation

INSTRUCTIONS SPÉCIALES

1. Préparez votre réunion en tenant compte du questionnaire d'évaluation.

2. Faites attention de ne pas vous laisser fasciner par le contenu de la discussion. Vous êtes responsable de la procédure et du climat.

3. N'interprétez jamais vos comportements durant la réunion. L'évaluation se déroule toujours après la réunion.

4. Soyez vigilant et présent à chaque instant de la réunion. Après, il est déjà trop tard.

5. Faites preuve d'empathie et de transparence.

6. Rappelez-vous ceci: Lors de la réunion, vous êtes en situation d'observation participative.

Liste des thèmes et des comportements de l'animateur

1. ACCUEIL DES PARTICIPANTS

Présente les membres, sécurise les membres, explique le but de la réunion, discute des objectifs et du contenu du plan de services.

2. RELATIONS AVEC LA PERSONNE

Facilite l'expression verbale, valorise sa participation, maintient un bon climat de participation, fait respecter les droits de la personne.

3. RELATIONS AVEC LA FAMILLE NATURELLE

Facilite l'expression verbale, clarifie les termes, s'informe de la satisfaction des services, s'assure de la complémentarité entre famille d'accueil et famille naturelle.

4. RELATIONS AVEC LA FAMILLE D'ACCUEIL

Facilite l'expression verbale, explique le rôle de la famille, s'assure qu'elle apporte des faits pertinents et précis.

5. RELATIONS AVEC LES AUTRES PARTICIPANTS

Facilite l'expression d'un langage compréhensible, rappelle la pertinence de mentionner les points forts de la personne, fait identifier les différents programmes utiles, favorise l'expression des faits plutôt que des jugements de valeur, précise ou fait préciser la spécifité de son rôle, s'assure de la pertinence et de la compréhension des mandats.

6. PRODUCTION DU PLAN DE SERVICES

Fait respecter la procédure, précise les termes ainsi que les objectifs, s'assure de la nomination d'un secrétaire, vérifie les décisions prises, vérifie l'accord de la personne et fait respecter ses droits, s'assure de la nomination du coordonnateur, s'assure que tous signent le plan de services, fixe la prochaine réunion.

7. CLIMAT DE TRAVAIL

Favorise le climat de travail du groupe, diminue les tensions restrictives, s'assure que chaque personne soit traitée avec un même respect.

8. TECHNIQUES D'ANIMATION

Manifeste de la congruence et de l'empathie, décode les messages verbaux et non-verbaux, facilite la résolution de conflit, reformule et fait des synthèses au besoin, rappelle l'objectif de la réunion, aide les participants à se centrer sur la tâche, facilite l'expression des faits, respecte la procédure et les délais, tient compte du rythme du groupe.

Notation des observations de la réunion

Heure _____

PERSONNES PRÉSENTES:

NOM	PRÉNOM	FONCTION
_____	_____	_____
_____	_____	_____
_____	_____	_____
_____	_____	_____
_____	_____	_____
_____	_____	_____
_____	_____	_____

RAPPEL: Inscrivez **brièvement** vos observations lors de la rencontre. Elles vous aideront
au moment de votre évaluation.

COMMENTAIRES   TEMPS

Notation des observations lors de la réunion

COMMENTAIRES   TEMPS

_____   _____
_____   _____
_____   _____
_____   _____
_____   _____
_____   _____
_____   _____
_____   _____
_____   _____
_____   _____
_____   _____
_____   _____
_____   _____
_____   _____
_____   _____
_____   _____
_____   _____
_____   _____
_____   _____
_____   _____
_____   _____
_____   _____
_____   _____
_____   _____
_____   _____
_____   _____

Questionnaire

ENCERCLEZ LE CHIFFRE QUI CONVIENT LE MIEUX À VOTRE RÉPONSE.

	OMIS	À AMÉLIORER	SUFFISANT	OPTIMAL

1. ACCUEIL DES PARTICIPANTS

1.1 L'animateur prend le temps nécessaire pour saluer chacun des participants avant la réunion.   0   1   2   3

1.2 L'animateur vérifie discrètement si tous les participants sont présents et observe leurs manifestations d'insécurité.   0   1   2   3

1.3 En début de rencontre, l'animateur demande à chacun de se présenter.   0   1   2   3

1.4 L'animateur remercie les gens de leur présence et situe leur importance en fonction du plan de services.   0   1   2   3

1.5 L'animateur dégage les objectifs de la réunion du plan de services.   0   1   2   3

1.5 L'animateur explique le protocole du plan de services.   0   1   2   3

1.7 L'animateur explique son rôle.   0   1   2   3

1.8 L'animateur explique le déroulement de la réunion.   0   1   2   3

ADDITIONNEZ LES CHIFFRES ENCERCLÉS ET REPORTEZ CE NOMBRE SUR LE GRAPHIQUE DES RÉSULTATS EN LE MULTIPLIANT PAR 1.5.

                              TOTAL

2. RELATIONS AVEC LA PERSONNE

2.1 L'animateur explique le but de la réunion ainsi que la raison de la présence de chacun.   0   1   2   3

2.2 L'animateur s'assure que la personne ait l'occasion d'exprimer ses intérêts et ses attentes.   0   1   2   3

2.3 L'animateur s'assure que les qualités et les forces de la personne soient mises en évidence.   0   1   2   3

2.4 L'animateur s'assure que la personne puisse exprimer son accord avec la planification proposée.   0   1   2   3

2.5 L'animateur s'assure que la présence de la personne soit valorisante pour elle et pour les autres participants.   0   1   2   3

Questionnaire

	OMIS	À AMÉLIORER	SUFFISANT	OPTIMAL

2.6 L'animateur crée un climat favorable pour que la personne puisse véritablement influencer son plan de services. 0 1 2 3

2.7 L'animateur s'assure que le vocabulaire utilisé soit compris par la personne. 0 1 2 3

ADDITIONNEZ LES CHIFFRES ENCERCLÉS ET REPORTEZ CE NOMBRE SUR LE GRAPHIQUE DES RÉSULTATS EN LE MULTIPLIANT PAR 1.7.

TOTAL

3. RELATIONS AVEC LA FAMILLE NATURELLE

3.1 L'animateur s'assure que la famille naturelle ait l'occasion d'exprimer ses attentes. 0 1 2 3

3.2 L'animateur s'assure que les termes utilisés soient compréhensibles par la famille naturelle. 0 1 2 3

3.3 L'animateur s'assure que les intérêts de la famille naturelle n'empiètent pas sur les droits de la personne. 0 1 2 3

3.4 L'animateur s'assure qu'il y a complémentarité véritable entre la famille naturelle et la famille d'accueil. 0 1 2 3

3.5 L'animateur s'assure de faire un retour sur le taux de satisfaction des services annuels. 0 1 2 3

3.6 L'animateur s'assure que tous comprennent le rôle spécifique de la famille. 0 1 2 3

ADDITIONNEZ LES CHIFFRES ENCERCLÉS ET REPORTEZ CE NOMBRE SUR LE GRAPHIQUE DES RÉSULTATS EN LE MULTIPLIANT PAR 2.0.

TOTAL

4. RELATIONS AVEC LA FAMILLE D'ACCUEIL

4.1 L'animateur s'assure que la famille d'accueil ait l'occasion d'exprimer ses attentes. 0 1 2 3

4.2 L'animateur s'assure que la famille d'accueil apporte des éléments quant aux forces et aux besoins de la personne. 0 1 2 3

Questionnaire

	OMIS	À AMÉLIORER	SUFFISANT	OPTIMAL

4.3 L'animateur s'assure que la communication entre la famille d'accueil et la famille naturelle soit complémentaire.   0   1   2   3

4.4 L'animateur explique le rôle de la famille d'accueil.   0   1   2   3

ADDITIONNEZ LES CHIFFRES ENCERCLÉS ET REPORTEZ CE NOMBRE SUR LE GRAPHIQUE DES RÉSULTATS EN LE MULTIPLIANT PAR 3.0.

TOTAL

5. RELATIONS AVEC LES AUTRES PARTICIPANTS

5.1 L'animateur s'assure que chaque participant puisse s'exprimer dans un langage accessible à tous.   0   1   2   3

5.2 L'animateur s'assure que les participants s'expriment en parlant des points forts et des qualités de la personne.   0   1   2   3

5.3 L'animateur s'assure que les participants amènent des faits plutôt que des jugements de valeur.   0   1   2   3

5.4 L'animateur s'assure que les différents programmes soient expliqués par les représentants.   0   1   2   3

5.5 L'animateur s'assure que la compréhension du rôle de chacun des participants soit adéquate.   0   1   2   3

ADDITIONNEZ LES CHIFFRES ENCERCLÉS ET REPORTEZ CE NOMBRE SUR LE GRAPHIQUE DES RÉSULTATS EN LE MULTIPLIANT PAR 2.4.

TOTAL

6. PRODUCTION DU PLAN DE SERVICES

6.1 L'animateur s'assure que la procédure du plan de services soit comprise et respectée.   0   1   2   3

6.2 L'animateur s'assure que les concepts de forces, de besoins en ressources et besoins en programmes soient compris.   0   1   2   3

Questionnaire

	OMIS	À AMÉLIORER	SUFFISANT	OPTIMAL

6.3 L'animateur s'assure du consensus sur les décisions et que quelqu'un prenne des notes.   0   1   2   3

6.4 L'animateur s'assure que soit valorisé le rôle social de la personne.   0   1   2   3

6.5 L'animateur s'assure que les droits de la personne soient respectés.   0   1   2   3

6.6 L'animateur s'assure que le coordonnateur soit clairement identifié, que chacun signe le formulaire du plan de services et que soit fixée la date de la prochaine réunion.   0   1   2   3

ADDITIONNEZ LES CHIFFRES ENCERCLÉS ET REPORTEZ CE NOMBRE SUR LE GRAPHIQUE DES RÉSULTATS EN LE MULTIPLIANT PAR 1.2.

TOTAL

7. CLIMAT DE TRAVAIL

7.1 L'animateur identifie et comprend le climat du groupe.   0   1   2   3

7.2 L'animateur évite que les conflits se manifestent.   0   1   2   3

7.3 L'animateur s'assure de laisser place à l'humour.   0   1   2   3

7.4 L'animateur s'assure qu'il n'y ait aucun perdant et qu'aucune personne ne soit dévalorisée dans le processus.   0   1   2   3

7.5 L'animateur s'assure que tous les participants soient égaux en droit et dignité.   0   1   2   3

7.6 L'animateur s'assure que le climat du groupe soit positif et permette à nouveau la réunion du plan de services.   0   1   2   3

ADDITIONNEZ LES CHIFFRES ENCERCLÉS ET REPORTEZ CE NOMBRE SUR LE GRAPHIQUE DES RÉSULTATS EN LE MULTIPLIANT PAR 2.0.

TOTAL

Questionnaire

	OMIS	À AMÉLIORER	SUFFISANT	OPTIMAL

8. TECHNIQUES D'ANIMATION

8.1 L'animateur est présent à tout ce qui se passe. — 0 1 2 3

8.2 L'animateur s'efforce de comprendre les messages verbaux et non verbaux. — 0 1 2 3

8.3 L'animateur essaie d'être juste mais ferme et d'arriver à une solution équitable. — 0 1 2 3

8.4 S'il y a tension dans le groupe, l'animateur réagit avec chaleur et sympathie. — 0 1 2 3

8.5 L'animateur cherche à découvrir l'origine du conflit et des tensions. — 0 1 2 3

8.6 L'animateur défend loyalement la personne lorsque nécessaire. — 0 1 2 3

8.7 L'animateur est capable d'être objectif dans ses remarques et dans sa communication envers les différents participants et envers ceux qui ne sont pas de son avis. — 0 1 2 3

8.8 L'animateur fait de la reformulation ainsi que des synthèses chaque fois que le groupe a besoin de se resituer. — 0 1 2 3

8.9 L'animateur rappelle constamment au groupe l'objectif de cette rencontre et ramène le groupe à la tâche. — 0 1 2 3

8.10 Lorsqu'il y a crise, l'animateur est capable de rester neutre, de convenir du règlement du conflit dans d'autres lieux et d'autres espaces pour centrer à nouveau le groupe sur la tâche. — 0 1 2 3

8.11 L'animateur s'assure constamment que tout ce qui est dit en réunion porte sur des faits, des situations descriptives, mesurées et mesurables. — 0 1 2 3

8.12 L'animateur gère bien le temps, il accélère ou diminue le rythme selon la productivité du groupe. — 0 1 2 3

ADDITIONNEZ LES CHIFFRES ENCERCLÉS ET REPORTEZ CE NOMBRE SUR LE GRAPHIQUE DES RÉSULTATS EN LE MULTIPLIANT PAR 1.0.

TOTAL

Graphique des résultats de l'animation du plan de services

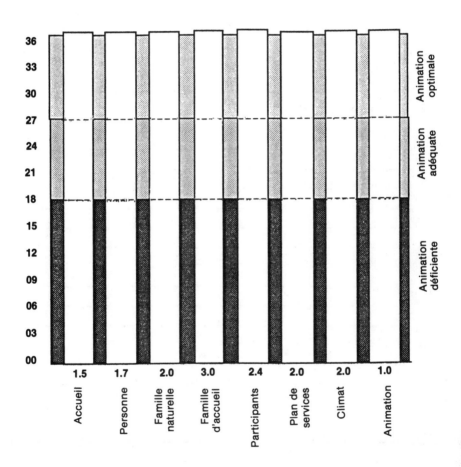

Mes objectifs pour la prochaine réunion du plan de services

1. ACCUEIL DES PARTICIPANTS

   _____

   _____

   _____

2. RELATIONS AVEC LA PERSONNE

   _____

   _____

   _____

3. RELATIONS AVEC LA FAMILLE NATURELLE

   _____

   _____

   _____

4. RELATIONS AVEC LA FAMILLE D'ACCUEIL

   _____

   _____

   _____

5. RELATIONS AVEC LES AUTRES PARTICIPANTS

   _____

   _____

   _____

6. PRODUCTION DU PLAN DE SERVICES

   _____

   _____

   _____

7. CLIMAT DE TRAVAIL

   _____

   _____

   _____

8. TECHNIQUES D'ANIMATION

   _____

   _____

   _____

Achevé d'imprimer
en février 1990 sur les presses
des Ateliers Graphiques Marc Veilleux Inc.
Cap-Saint-Ignace, Qué.

NOTE. Ajouter 4,00 $ pour les frais d'expédition.
N'oubliez pas d'insérer votre chèque ou mandat dans l'enveloppe. Merci.

arc

Éditions Agence d'ARC inc.

8023, rue Jarry est, Montréal (Québec) H1J 1H6

DIFFUSÉE EN EUROPE ET EN AFRIQUE

BON DE COMMANDE

N° _____

QUANTITÉ	AUTEUR	TITRE

FACTURER À:

Nom _____

Adresse _____

Ville _____

Province _____

Code postal _____ Tél. _____

EXPÉDIER À (si différent de facturer à):

Nom _____

Adresse _____

Ville _____

Province _____

Code postal _____ Tél. _____

ÉDITIONS AGENCE D'ARC INC.

8023, RUE JARRY EST, MONTRÉAL (QUÉBEC) H1J 1H6 - (514) 493-3958
TÉLÉCOPIEUR: (514) 355-7473

DATE: _____

SIGNATURE AUTORISÉE: _____

FONCTION: _____